高等学校"十三五"学前教育专业规划教材

幼儿园课程

第二版

主　编　吉兆麟　夏如波
副主编　陶金玲

南京大学出版社

图书在版编目(CIP)数据

幼儿园课程 / 吉兆麟,夏如波主编. —2 版. —南京:南京大学出版社,2017.8(2021.1 重印)
高等学校"十三五"学前教育专业规划教材
ISBN 978-7-305-19086-5

Ⅰ. ①幼… Ⅱ. ①吉… ②夏… Ⅲ. ①学前教育—课程—高等学校—教材 Ⅳ. ①G612

中国版本图书馆 CIP 数据核字(2017)第 179060 号

出版发行	南京大学出版社		
社　　址	南京市汉口路 22 号	邮　编	210093
出 版 人	金鑫荣		

书　　名 幼儿园课程
主　　编 吉兆麟　夏如波
责任编辑 丁　群　钱梦菊　　　　编辑热线　025-83596923
照　　排　南京南琳图文制作有限公司
印　　刷　常州市武进第三印刷有限公司
开　　本　787×960　1/16　印张 11.75　字数 217 千
版　　次　2017 年 8 月第 2 版　2021 年 1 月第 2 次印刷
ISBN 978-7-305-19086-5
定　　价　28.00 元

网址:http://www.njupco.com
官方微博:http://weibo.com/njupco
微信服务号:NJUyuexue
销售咨询热线:(025) 83594756

* 版权所有,侵权必究
* 凡购买南大版图书,如有印装质量问题,请与所购
　图书销售部门联系调换

第一版前言

教材建设是高校课程建设和教学改革的核心。《幼儿园课程》作为高等院校学前教育专业的一门专业基础课程,是研究关于幼儿园教育的理念和实践之间的转换过程的一门学科,主要内容包括幼儿园课程的基本概念,幼儿园课程的目标、内容的选择、组织与实施及评价的一般原理,以及中西方早期教育经典课程及其沿革与发展趋势。该课程设置的目的是使学生了解幼儿园课程的基本原理,获得关于幼儿园课程的整体概念,养成具有一定教育素养的课程观,并提高将教育理念转化为具体的教育实践的能力。

因此,本教材在编写中以《幼儿园教师专业标准》和《教师教育课程(试行)》的精神为指导思想,力图清楚地阐述幼儿园课程的基本原理,贴近幼儿园课程改革,充分地反映时代特点及学科前沿。本教材体现了以下特色:

1. 实践导向,便于自学。本教材从课程编制的视角,即从幼儿园课程目标的确立、内容选择、组织与实施、评价等进行编写,既有学科的一般框架,又有案例深化探讨,便于强化学生对重点内容的掌握,并学会学以致用。

2. 淡化结构,突出问题。本教材在幼儿园课程改革背景下,对课程问题和教师面临的课程实施的困境给予特别关注,努力使理论分析奠基于这些现实问题之上,增强了理论的解释力、说服力和应用性。

3. 追求知识性、学术性、前瞻性的统一。本教材系统吸收本学科的基础知识,广泛吸收目前已有的优秀研究成果,拓宽学习视野;注意挖掘新材料,提出新问题,找出新视角,并尝试作出新的解答。

本书不仅可以作为高等师范院校学前教育专业本专科学生的教材,也可以作为在职幼儿教师函授班培训的学员的教材,此外也可供广大的幼教工作者阅读与参考。

本书编写提纲由陶金玲组织讨论,各章作者分工如下:第一章、第二章,王晓芬;第三章、第四章,吉兆麟;第五章,王杰;第六章、第七章、第八章,陶金玲、夏如波。全书由吉兆麟统稿。本教材在编写过程中,一直得到南京大学出版社高校教材中心蔡文彬主任的关心和支持,王抗战老师自始至终给予了指导和鼓励。在此表示衷心的感谢!

由于我们水平有限,教材中错误、缺点在所难免,敬请广大读者批评指正。

编　者

2015 年 7 月

第二版前言

本版教材继续秉承第一版的编写特点，主要在以下部分做了完善：

1. 强化学材功能，拓展自主阅读材料

随着现代教材编写中越来越体现学习者的自主性和多样性，本版教材在改版时也体现了这一需求。在每一章的后面都增加了相关内容的拓展阅读材料，既有专家、学者对相关理论问题的研究，也有一线教师对该章学习内容的实践探索，更有政府部门引领学前教育改革的相关政策与解读。目的在于帮助学习者进一步深化对本章内容基本原理的学习，了解国家层面的相关政策精神，及时把握幼儿园课程改革的主流动态。同时，鉴于在《幼儿园课程》学习中会经常性涉及幼儿的学习特点、学习方式及学习标准，我们将《3～6岁儿童学习与发展指南》也编入其中，便于学生随时查阅学习和掌握。

2. 更新学习方式，增添二维码阅读区

新增加的拓展阅读材料内容较丰富，若全部印在纸质教材上，会增加印刷成本，给学习者增加经济负担。而现代人普遍习惯网上学习，因此，贴合学习者的学习特点，本书采用二维码技术，学习者只要用微信扫码，就可以看到拓展学习的全部内容，并根据需要选择性地阅读，极大地便利了学习者。

3. 完善教材修订，追求内容的高品质

在第一版的使用过程中，我们也发现教材中还有一些表述不够严谨的地方，因此在本次修订中一并做了改正。

由于时间紧，本次修订可能还有不到位的地方，恳请各位学习者在学习过程中给我们留下宝贵的意见。

《幼儿园课程》编写组

二〇一七年七月二十日

目 录

第一章 幼儿园课程概述 ... 1
第一节 课程概述 ... 1
第二节 幼儿园课程的含义 ... 9

第二章 幼儿园课程目标 ... 17
第一节 幼儿园课程目标的内涵与取向 ... 18
第二节 幼儿园课程目标的建构与表述 ... 23

第三章 幼儿园课程内容 ... 27
第一节 幼儿园课程内容概述 ... 27
第二节 幼儿园课程内容的范围和类型 ... 32
第三节 幼儿园课程内容的选择原则 ... 39
第四节 幼儿园课程内容的组织 ... 48

第四章 幼儿园课程实施 ... 53
第一节 幼儿园课程实施的含义与取向 ... 53
第二节 幼儿园课程实施原则 ... 55
第三节 幼儿园课程实施的方式 ... 63
第四节 幼儿园课程实施途径 ... 75

第五章 幼儿园课程评价 ... 78
第一节 课程评价含义 ... 78
第二节 幼儿园课程评价含义 ... 79
第三节 幼儿园课程评价标准 ... 88
第四节 幼儿园课程评价模式 ... 93

第五节　幼儿园课程评价原则·················· 103

第六章　国外经典幼儿园课程方案 111
第一节　蒙台梭利教育法·················· 111
第二节　直接教学模式·················· 115
第三节　凯米—德芙里斯课程·················· 118
第四节　高瞻课程·················· 122
第五节　意大利瑞吉欧幼儿教育体系·················· 128
第六节　经典"做中学"方案与课程启示·················· 135

第七章　国内经典幼儿园课程方案 137
第一节　陈鹤琴的"五指活动"课程·················· 137
第二节　张雪门的"行为课程"·················· 141
第三节　陶行知的生活教育·················· 147

第八章　幼儿园课程发展历程 150
第一节　国外幼儿园发展历程·················· 150
第二节　国内幼儿园课程发展历程·················· 158

附录一　幼儿园课程整体评价标准（价值标准）·················· 176
附录二　幼儿园课程整体评价标准·················· 178
参考文献·················· 181

微信扫一扫

✓课件申请
✓教学资源

教师服务

✓学习资料
✓加入教师资格考试圈
✓《3～6岁儿童学习与发展指南》

学生服务

关注"南大悦学"

第一章 幼儿园课程概述

问题情境

在"教育学原理"课上,大家正在热烈地讨论"什么是教育"的问题。同学们畅所欲言,尽情地表达自己所理解的"教育"的含义,教师记录着同学们的发言,最终没有一个统一的答案。但是,同学们却知道了一个道理:教育上的好多问题是没有标准答案的,保留自己的观点、理解别人的观点并经常调整自己的观点,可能是教育工作者应有的态度。本章讨论的主题是"什么是课程"。这个问题与"什么是教育"一样,仁者见仁、智者见智。本章我们将带同学们进入这样的情境,从而引领同学们了解各种课程的含义,并了解每种解释背后的认识论基础。

科学研究的任务是要揭示研究对象的本质。课程的本质即"课程究竟是什么",这一问题是课程研究的逻辑起点,它规定着研究者的思维方式或研究取向,也决定着实施者的教育实践。

第一节 课程概述

科学地界定一个概念,即揭示概念本质属性的逻辑方法,是将这一概念包含在它的属概念中,并揭示它与同一个属概念下的其他种概念之间的差别。根据这一原理,理解幼儿园课程的科学方法,自然就应先理解其"属概念"——课程,再将它与"同一个属概念下的其他种概念"——学校课程相比较,在揭示共性与个性之中探求幼儿园课程的本质。

因此,让我们先从"课程"开始讨论。

一、课程的定义

对于课程,存在着许多定义,每一种定义都试图从某种立场解释课程,这就导致了对课程界定的众说纷纭、莫衷一是。事实上,"每一种课程定义都隐含着某种哲学假设和价值取向,隐含着某种意识形态以及对教育的某种信念,从而标明了这种课程最关注哪些方面"①。

汉语中,课程一词始见于唐代,其基本含义是指功课及其进程,与当今人们对课程的理解已经相接近。

在英语中,课程(curriculum)一词来源于拉丁语"currere",其含义是"跑道"(racecourse),或"奔跑"。用名词形式解释该词的词义,"跑道"即"学程"(course of study),课程的含义是为儿童设计学习的轨道。用动词解释该词的词义,"奔跑"即"学习的进程",课程的含义是儿童对自己学习经验的认识。

课程概念集中反映着人们对课程本质的理解。而在这个至关重要的概念上,由于学者们所持的哲学观、社会学观等各不相同,对课程本质的理解自然就不同,从而导致对课程本质内涵的界定出现诸多歧义的现象。据说,目前有案可稽的课程定义不下百种。但归纳起来,具有代表性的是以下几种:

(一)课程即学习科目和教材

将课程看作教学的科目,这在历史上由来已久,影响最深远,既代表着传统的教育观,也是大多数学校教育实践的真实反映。

在一般人和老师的心目中,课程是科目或学科的代名词。我们常常听到这样的一种询问与回答:"你们学校都开设哪些课程呀?""语文、数学、英语、物理、历史……",这时,课程指的是具体的学习科目或学习科目的总和。也有的人把课程和教材合而为一,视教材为课程的具体体现,把通过课程而进行的教育简化为"教书"(教教材、教课本)。于是,老师成了"教书匠",学生成了"读书郎"。

这种课程即学习科目和教材的理解,虽然把握住了课程的主要问题,即课程内容的问题,但却把教师的视线局限在一个相对狭小的圈子里:只关注"教什么",不关注"为什么而教"和"怎样教";只关注学生的认知发展,不关注学生的全面发展;只关注传授知识,不关注学生的需要、兴趣、能力以及所学知识对

---

① 施良方.课程理论:课程的基础、原理与问题[M].北京:教育科学出版社,1966:1.

学生个人的意义。而且,这种对课程内容本身的理解也过于狭隘——仅仅局限于客观外在的间接经验,而忽略了学习者在学校生活和活动中所获得的各种鲜活的直接经验和体验。

(二) 课程即学生在校获得的学习经验

与传统的将课程看作学习科目和教材,即从学科维度来界定课程不同,将课程看作学生的学习经验,即从经验维度来界定的课程是"以儿童主体性活动的经验为中心组织的活动,也叫作生活课程、活动课程、儿童中心课程"①。这种以学习者为中心,强调学生在校获得的学习经验的课程定义的出现,成为20世纪课程改革中的一面颇具号召力的旗帜。

将课程理解为学生的学习经验,无疑扩大了研究者的视野,转换其注意的重心,使之不仅关注"教什么",而且关注"为什么而教"、"怎样教"、"为什么这样教"以及"这样教会对学生产生什么影响"。可以说,从关注教材到关注学生,关注他们的兴趣、需要,关注他们在学习过程中的所学以及所学东西的个人意义,是课程领域的一个"哥白尼式的革命",而这个革命的核心就是界定课程概念的维度的变化。

但是,事实上,这一定义的实际影响范围还较多局限在学者的圈子里和理论的层面上。虽然实践中也不缺乏这种课程理念指导下的成功模式,但是要想真正成为广大教师、家长以及学生的共识尚待时日。所以,不少学者注意到它"理论上很吸引人,实践上却很难实行"②。

(三) 课程即学校组织的学习活动

与课程即学习经验同一渊源,课程即学习活动的观点也产生于进步主义教育对"课程即教材"一说的反思与批判。只是,由于学习经验的模糊性、个人性、主观性,使得它难以把握,于是,一些研究者便转向学习经验的"母体"——学习活动寻求支持。

活动是儿童与学习环境相互作用的形式,学习是通过学习者的主动行为而发生的,学生的学习取决于他自己做了什么。"做中学"是学生获得经验的重要方式,所以,有人提出可以将课程理解为"在学校的教师指导下出现的学习者学习活动的总体"③。

经验依赖活动,活动产生经验。也许正是因为两者关系的密切性和思想

---

① 钟启泉. 现代课程论[M]. 上海:上海教育出版社,1989:186.
② 靳玉乐. 现代课程论[M]. 重庆:西南师范大学出版社,1995:61.
③ 钟启泉. 现代课程论[M]. 上海:上海教育出版社,1989:177.

渊源的同一性,有些研究者并不把课程的"经验说"和"活动说"视为两种不同的观点,而将其统一为"经验—活动说"。然而,这两种定义的角度毕竟有所不同,"经验说"强调的是"结果"——学生的"所得";"活动说"强调的是"过程"——学生的"所做"。而从"所做"的角度定义课程的最大危险在于,可能把研究者的注意力引向表层——活动的形式,造成本末倒置的状况,视活动本身为目的,而忘却活动的宗旨——获得经验。而且过分强调从实践中获取直接经验,也并不完全反映学校教育和学生学习的本质特征。

(四)课程即教学计划

把课程看作教学计划或培养人的蓝图,是 20 世纪 50 年代以来比较流行的一种观点。这一定义的提出,可以认为是力图纠正课程"经验说"的失之过宽、"教材说"的失之过窄、"行动说"的失之浅表。

课程作为培养人的计划或蓝图,必然包括对培养什么人(课程目标)、提供什么样的学习经验和如何组织这些经验才能培养出这样的人(课程内容与组织)、如何检验育人的意图是否达到(课程评价)等一系列问题的思考与决策,包含了课程的基本要素,因而比较周全。但这种周全仅仅是从课程设计的角度来看的。如果从课程作为学校实际发挥教育功能的基本途径和手段的角度看问题,"计划说"显然遗漏了一个极其重要的部分——课程实施。也许这种遗漏是有意的,因为在"计划说"者的认识中,课程实施问题是教学问题,应将课程与教学区分开来,但事实上,二者是无法完全分开的。教学固然是课程的实施阶段,但课程实施(教学)却不是原封不动地执行计划。从某种意义来说,课程实施(教学)过程是课程的"再设计"过程——根据学习者的实际反馈修正、调整、发展、完善预定计划或方案,以期取得更好的教育效果的过程。"计划说"过分强调静态设计、预成课程,忽视动态设计、生成课程的倾向,使它有可能与"教材说"殊途同归,将教育者关注的重点引向外在于学生的"计划"或"方案",最终导致有教无学。

(五)课程即预期的学习结果或目标

以目标的维度界定课程,起源于博比特(Bobbitt,F)、查特斯(Charters,W.W.)的课程工学,后经泰勒(Tyler,R.W.)等人的发展,将这种把预期的学习结果和目标看作为课程的观念渐趋完善。这种观点认为课程关注的重心应该是希望学习者通过课程而获得的学习结果,即教育教学的目的,而不是手段。这就要求课程事先制定一套有结构、有序列的学习目标,所有教学活动都是为达到这些目标服务的。

"目标说"对预期、控制和效率的强调,的确有利于课程的科学化和标准化,因而自产生以来影响很大。至今广为采用的课程设计的"目标模式",就是由这一定义演化而成的。但是,这种受企业管理原理影响的课程观,是否会导致视学校为工厂、视课程为生产线、视学生为原材料、视教育教学为"加工"学生成一个个标准化产品过程的倾向呢?而且,如何保证这些预定的目标对每一个学生的适宜性呢?那些非预测的、但却在学校环境中实际产生并对学生影响很大的"结果",是否也需要关注并加以调整呢?这都是"目标说"所面临的难题。

从上述几种典型的课程定义中,我们可以看到,每一种定义都有不同的产生背景、理论基础,也都有各自独特地看问题的角度和关注重点(主观—客观;过程—结果;动态—静态;显性—隐性)。因此,尽管各种定义都有明显的缺陷或局限,但也都或多或少地涉及课程的某些本质,都有其积极、合理的一面。对我们来说,重要的不是简单地肯定或否定哪种定义,而是了解每种定义的"所要解决的问题以及伴随之的新问题"[①],从而使得我们对课程的认识更加全面。

二、课程的形态与结构

这里所谓的课程形态,指的是课程的表现形式或课程类型。课程类型是指课程的组织方式或设计课程的种类。关于课程的类型,不同国家、不同时期、不同教育家持有不同的分类标准,因此对课程所划分的类别也不同。

从课程内容的角度,可分为学科课程和活动课程;从课程任务的角度,可分为基础型课程、拓展型课程和研究型课程;从课程制定者或管理制度角度,可分为国家课程、地方课程、学校课程;从课程功能的角度,可把课程分为工具性课程、知识性课程、技能性课程、实践性课程;从教育阶段角度,可把课程分为幼儿园课程、小学课程、初中课程、高中课程;从课程的组织核心来看,可分为学科中心课程、学生中心课程、社会中心课程;从课程影响学生的方式来看,可分为显性课程和隐性课程等。以下将对前三种分类加以说明。

(一) 根据课程内容,可分为学科课程、活动课程

学科课程,又称为分科课程,指的是根据培养目标和科学发展水平,从各门学科中选择适合一定年龄阶段儿童的发展水平的知识,组成教学科目。学

---

① 施良方.课程理论[M].北京:教育科学出版社,1996:10.

科课程将科学知识加以系统组织,使教材依一定的逻辑顺序加以编排,注重儿童在学习过程中知识和技能的掌握。学科课程的基本特点在于分科设置,课程内容的选择和安排按学科知识的逻辑结构来进行,重视学科内容的内存联系,并且重视教师系统的讲授。

活动课程以儿童的兴趣、需要和能力为出发点,通过儿童自己组织的活动而实施课程。活动课程打破了学科本身的逻辑,注重儿童的学习过程本身。"活动课程"这一术语有诸多疑义,有人提出以"经验课程"或"儿童中心课程"取而代之。活动课程的根源,可以追溯到卢梭(Rousseau, J. J.)的自然教育思想、裴斯泰洛奇(Pestalozzi, J. H.)教育适应自然的原则,以及福禄贝尔儿童自动发展的思想,杜威和克伯屈是这一思想的典型代表。活动课程的目标是开发和培育主体内在的、内发的价值,培养具有丰富个性的主体。

学科课程注重让儿童掌握基础知识和技能,而且容易被教师把握,长期以来,被广泛运用。但是,它只关注学科逻辑,容易脱离儿童的生活实际。相反,活动课程能从儿童的兴趣和需要出发,与儿童的生活相贴近,但是,它却因为缺乏严格的计划,而不容易使儿童掌握系统的知识。可见,学科课程和活动课程两者各自的长处正是对方的不足。

(二)根据课程任务,可分为基础型课程、拓展型课程、研究型课程

基础型课程注重学生基础学力的培养,即培养学生作为一个公民所必需的"三基"(读、写、算)为中心的基础教养,是中小学课程的主要组成部分。它的内容是基础的,以基础知识和基本技能为主,不仅注重知识、技能的传授,也注重思维力、判断力等能力的发展和学习动机、学习态度的培养。基础型课程是必修的、共同的课程,无论哪个学生都要学习。基础型课程要求很严格,必须有严格的考试。基础型课程的内容是不断发展的,它随学段的不同而有所不同。

拓展型课程注重拓展学生的知识与能力,开阔学生的知识视野,发展学生各种不同的特殊能力,并迁移到其他方面的学习。例如,注重加强学生文学、艺术鉴赏方面的教育,注重加强学生素质教育、培养学生知识与社会实践相结合的能力的环境保护等课程,都属于拓展型课程。拓展型课程常常以选修课的形式出现,比起基础型课程来有较大的灵活性。

研究型课程注重培养学生的探究态度与能力。这类课程可以提供一定的目标、一定的结论,而获得结论的过程和方法则是由学生自己组织,自己探索、研究,主要是培养他们的研究能力与创新精神;也可以不提供目标和结论,由学生自己确立目标,得出结论。课程从问题的提出、方案的设计到实施以及结

论的得出,完全由学生自己来做,重研究过程甚于注重结论。

基础型课程、拓展型课程、研究型课程三者之间关系紧密。基础型课程的教学是拓展型和研究型课程的学习基础;拓展型课程的教学是研究型课程的学习基础;而从一定程度来说,拓展型、研究型课程的学习,对基础型课程的教与学两方面都起着至关重要的基础作用。各类型、各科目课程在教育过程中虽然任务不同、层次要求不同,但都具有渗透性、综合性。从课程目标来说,基础型、拓展型、研究型课程,在统一的目标下和不同层次的要求上,功能互补递进,形成一个有机整体,在全面提高全体学生素质与发展学生个性特长方面起着十分重要的作用。

(三) 根据课程制定者或管理层次,可分为国家课程、地方课程、学校课程

长期以来,我国一直采用国家统一课程设置,全国中小学基本上沿用一个教学计划、一套教学大纲、一套教材,缺乏灵活性、多样化和弹性。20世纪80年代末至90年代,我国课程改革的步伐日益加快。1993年,原国家教委颁发的《九年义务教育全日制小学、初级中学课程计划》中将课程分为国家和地方两个层次;1996年,原国家教委颁发了《全日制普通高级中学课程计划(试验)》,将课程分为国家、地方、学校三个层次;1999年颁布的《中共中央国务院关于深化教育改革全面推进素质教育的决定》规定,调整和改革课程体系、结构、内容,建立新的基础教育课程体系,试行国家课程、地方课程和学校课程。

所谓国家课程,是由中央教育行政机构编制和审定的课程,其管理权属中央级教育机关。国家级课程是一级课程。它编订的宗旨是保证国家确定的普通教育的培养目标达到普通教育的世界先进水准,规定学生应掌握的基础知识和基本能力。这类课程计划、教学大纲和教材由国家统一审定,未经批准,地方不得随意变动。国家课程编制往往采用"研制—开发—推广"的模式,实施"中央—外围"即自上而下的政策,以确保一个国家所实施的课程能够达到统一、共同的质量。

所谓地方课程,就是省、自治区、直辖市教育行政机构和教育科研机构编订的课程,属于二级课程。二级课程的编订权在省、自治区和直辖市,县、校不经批准无权变动。省市级课程编订的宗旨是补充、丰富国家级课程的内容或编订本地区需要的教材。它既可以安排学科类课程,也可以安排各种活动;既可以安排必修课,也可以开设选修课。

所谓学校课程,是在具体实施国家课程和地方课程的前提下,通过对本校学生的需求进行科学评估,充分利用当地社区和学校的课程资源而开发的多样性的、可供学生选择的课程。其目的在于尽可能满足各社区、学校、学生之间客观存在的差异性,因而具有一定的适应性和参与性,通常以选修课或特色课的形式出现。学校课程的开发可分为新编、改编、选择和单项活动设计等。

这里有几个问题需要补充说明:

(一) 关于活动课程

活动课程是以儿童的兴趣、需要和能力为出发点,通过儿童自己组织的活动而实施课程。其本质上是属于经验中心或学生中心,要全面了解和把握活动课程的最有效的办法就是将它与学科课程相对照(见表1-1)。

表1-1 活动课程与学科课程特征的比较①

	活动课程	学科课程
1.	学生中心	教师中心
2.	问题中心——直接体验	教材中心——知识系统
3.	实践活动中心——学生主动学习为主	课堂中心——教师系统讲授为主
4.	注重学生个性全面发展	注重学生知识和智力发展为主
5.	注重养成问题	注重训练教育
6.	注重教育过程	注重教育结果
7.	注重问题解决	注重知识获得
8.	主观综合评定为主	客观定性评价为主

从比较中可以看到,活动课程以学生的学习与个性发展为教育过程的重心,强调实践是知识和智慧的真正源泉,注重活动过程自身的教育价值,强调学生的直接经验和体验,注重教育与现实生活的联系,注重知识的整合和能力的迁移。这些都是学科课程所不具备的优点。但在所学知识的准确性、系统性和知识学习的效率性方面,学科课程又具有无可代替的优势。有鉴于此,一些研究者越来越认识到,课程改革不一定是一种课程形态取代另一种,它也可以是多种课程之间的吸收、融合、改造和重组,即在客观冷静地分析原有课程之优势与不足的基础上,有针对性地选取能弥补原有类型之结构性缺失的其他课程类型,从而共建一个更加合理的课程体系。

在我国目前的学校教育课程体系中,传统的学科课程一统天下的局面已被打破,活动课程被正式列入课程体系,它与学科课程相辅相成,共同完成培

---

① 高峡等.活动课程的理论与实践[M].上海:上海科技教育出版社,1997:40.

养高素质的社会主义的建设者和接班人的任务。

（二）关于隐性课程和显性课程

与此同时，显性课程与隐性课程是两种在性质和功能上都不同的课程类型。西方学者们曾就三个方面区分了这两种不同类型的课程。第一方面是课程的计划性，显性课程是有计划的、有组织的学习活动，学生有意参与活动的成分很大，而隐性课程则是无计划的、无组织的学习活动，学生在学习活动中主要获得的是隐含于课程中的经验。第二方面是学习的环境，显性课程主要通过课堂教学获得知识和技能，而隐性课程则主要通过学校环境（包括物质环境、社会环境和文化影响等）得到知识，形成态度和价值观。第三方面是学生的学习结果，学生在显性课程中获得的主要是预期性的学术知识，而在隐性课程中，学生获得的主要是非预期性的东西。

与此同时，显性课程与隐性课程之间存在着内在联系。一方面，在显性课程实施的过程中常常伴随着隐性课程，特别是如果显性课程的实施过程能充分发挥师生双方的自主性和创造性，那么课程实施中就一定会出现更多的非计划的、非预期的教育影响。另一方面，隐性课程也在课程实施的过程中不断地转化为显性课程。这就是说，在显性课程实施中发生了隐性课程的影响，若是不好的影响，就会引起对显性课程所产生影响的控制；若是好的影响，隐性课程就有可能转化为显性课程，而这些新的显性课程在实施过程中又会产生新的隐性课程。

第二节　幼儿园课程的含义

当课程一词成为学前教育的专业术语时，不少人感到陌生或困惑：这个似乎只适合于学校教育的概念为什么和学前教育连在一起？课程只适合中小学和大学，幼儿园也有课程吗？这反映了人们对于课程的理解存在不同。如果把课程理解为教科书、教材，那么幼儿园确实没有这种课程。但如果换一种方式，就可以说幼儿园是有课程的。所以，问题的关键在于如何去定义课程。

一、幼儿园课程的定义

"幼儿园课程"这个词，早在六十多年前就已被我国幼教界普遍使用。

幼儿园课程

1928年5月在南京召开的全国第一次教育会议上,著名教育家陶行知先生针对当时国内幼稚园各行其是,没有一个基本的标准,以及多半的课程与教材是舶来品,不太符合国情的现状,曾提出了一个《审查编辑幼稚园课程与教材案》。这一提案促成当时的教育部聘请了以陈鹤琴先生为首的有关专家多人,负责拟订国家《幼稚园课程标准》,并于1932年10月正式颁布。直至20世纪50年代初期,"幼儿园课程"这个概念开始被使用。1951年,陈鹤琴先生还发表了题为《幼儿园的课程》的文章,系统地论述了自己关于幼儿园课程编制的观点。可见,在我国"课程"这一概念早已运用于幼儿园。

那么,为什么在20世纪八九十年代,"幼儿园课程"这一概念反而成了陌生的新概念了呢?其实,成了陌生概念的不仅是"幼儿园课程","课程"也同样如此。其原因在于,20世纪50年代至80年代初期,同苏联一样,在计划经济模式的影响下,我国对课程采取中央集中管理的模式:统一决策、统一规划、统一编制。地方和一般的研究人员需要考虑的只是如何将既定的课程计划(称为教学大纲、教学计划)付诸实践教学。这样一来,课程(包括幼儿园课程)问题就逐渐从研究者和广大教师的视野中消失了,甚至高等教育也只开设"教学论"而不开设"课程论"了。任何词语(概念)都是在使用中存在的,不使用了,自然也就消亡了。尽管实际上消亡的只是课程这个词,而不是课程实践。

改革开放以来,随着计划经济向市场经济的转轨,国家管理教育的模式也开始转变,中央集权和地方分权相结合的新型管理模式给了各级教育部门(包括学校、幼儿园)以较大的自主权,广大研究者和教师开始有了不同程度地参与课程决策的权力和机会,并因而产生了对教育教学工作进行整体思考的需要。于是,课程问题又逐渐进入人们的意识,"课程"一词也重新成为一个经常使用的专业术语。

20世纪二三十年代,由于我国的幼儿教育工作者受进步主义教育思想的影响,我国幼教界就曾出现这样一些对课程和幼儿园课程的解释:

例如,张雪门认为:"课程是什么?课程是经验,是人类的经验用最经济的手段,按有组织的调制,用各种方法,以引起孩子的反应和活动。幼儿园的课程是什么?就是给三足岁到六足岁的孩子所能够做而且喜欢做的经验的预备。"①

又如,张宗麟认为:"幼稚园课程者,由广义地说之,乃幼稚生在幼稚园一

---

① 张雪门.幼儿园的课程[A].见:戴自庵.张雪门幼儿教育文集(上卷)[M].北京:北京少年儿童出版社,1994:25.

切之活动也。"①

再如,陈鹤琴也强调,幼儿园应该给儿童以充分的经验,这种经验的来源应包括与实物的接触以及与人的接触;应该以儿童的自然环境和社会环境为中心组织幼儿园课程。

以上几位幼教先驱的定义和解释说明,我国幼教理论界从一开始就是把幼儿的经验、幼儿的活动、幼儿的生活视为课程关注的重心的。

遗憾的是,由于历史的原因,幼教先驱们所提出的、在今天看来仍十分先进的幼儿园课程观,很长一段时间并不被后来的广大幼教工作者所熟悉,自然也没有很好地贯彻到幼儿园教育实践中去。在相当长的一段时间内,幼儿研究者和教育者们都歪曲了幼儿园课程这一定义,把幼儿园课程的主要任务简单地视为传授知识技能。因此,正确界定幼儿园课程,在今天是十分必要的。

那么,今天应该如何理解幼儿园课程呢?

我们认为,幼儿园课程是实现幼儿园教育目的的手段,是帮助幼儿获得有益的学习经验,促进其身心全面协调发展的各种活动的总和。

(一) 幼儿园课程是"活动"

所谓各种活动,即《幼儿园工作规程》所说的"有目的、有计划地引导幼儿生动活泼、主动活动的多种形式的教育过程"。

为什么要强调幼儿园课程是活动呢?

第一,由于活动具有主体性(谁在活动)和对象性(用什么活动,和什么相互活动),因而,课程的"两端"——物(教什么)和人(学到什么)作为活动的两大要素——对象和主体,是同时存在于活动中的,缺一不可。所以,把课程理解为活动有利于改变课程工作者的视角,促使他们同时注意问题的两个方面:学习对象(教学内容)和学习主体(学生)。

第二,活动本身是一种存在方式,教师看得见,也比较容易把握和控制(包括直接和间接控制)。同时,由于活动具有双重转换性,外在的客观对象(学习材料)和活动方式可以通过主体的活动"内化"为主观经验(包括情感经验、内在的知识能力);主体的主观经验也可以"外化"为态度、动作方式、技能等在活动中表现出来,并在活动中进一步得到完善、重组或改造。因此,课程工作者可以通过活动了解儿童的兴趣、需要、已有经验和发展水平,也可以通过创设活动情景、提供活动材料、引发活动"主题"、指导活动方式等策略"控制"儿童

---

① 张沪.张宗麟幼儿教育文集[M].长沙:湖南教育出版社,1985:31.

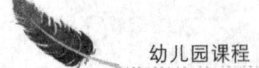

的活动,进而影响他们的学习经验。

第三,活动一词更能反映幼儿学习的本质和特点,因而也更适于解释幼儿园课程。所谓学习,指的是获取经验并由此而引起学习者的能力和倾向发生相对持久变化的过程。人类学习的方式大体有两种:一是通过语言传递获得间接经验(接受学习);二是通过亲身实践获得直接经验(发生学习)。接受学习集中体现人类学习的社会性、间接性特征,在掌握知识的系统性和效率方面具有明显优势,因而是学校学生学习的主要方式,也是学校学科为主的课程形态的基本依据。然而,对于处在"人之初"阶段的幼儿来说,由于其认识活动的具体形象性特征,使得他们的学习明显具有直接经验性,难以离开对客观事物的直接感知,难以离开与客观事物的相互作用——活动。因此,用活动来定义幼儿园课程,突出了幼儿学习的本质特征,更能体现课程为学习服务的基本职能。

(二) 幼儿园课程是"帮助幼儿获得有益的学习经验的活动"

在肯定幼儿园课程是"活动"的同时,我们又在活动前面加上有益的学习经验,原因是为了突出课程的目的性,克服以活动来定义幼儿园课程可能导致的危险:即过于注重活动的外在形式和过程,而忽视、忘却活动的目的(预期的结果),甚至视活动本身为目的,"为活动而活动"。

当然,没有结果的活动是不存在的,活动过程必然包含着结果:幼儿在活动中会自觉不自觉地对活动对象的性质和特点形成一定的印象,对活动的方式方法留下一些记忆,伴随着活动过程产生某种情感体验。

(三) 幼儿园课程是"各种活动的总和"

所谓各种活动的总和,已经涉及幼儿园课程的形态与结构问题。这个问题将在下面单独讨论。这里需要强调的是,幼儿园课程决非仅仅是"上课"或所上的各门课的相加。幼儿园课程的表现形式是多种多样的。凡是作为实现幼儿园教育目的的手段而运用的、能够帮助幼儿获得有益的学习经验的活动,无论是"上课",还是游戏、生活活动,都是幼儿园课程的有机组成成分。

二、幼儿园课程的形态与结构

作为"课程"的下位概念,幼儿园课程也有其属概念的一般形态,也遵循它的一般分类标准。但在现实中,幼儿园课程的分类方式和课程类型多少又有其特殊性。

比如,有一些国际知名的幼儿园课程方案,是按其创立者或所依据的儿童发展理论的创始人的名字来命名的,如"蒙台梭利教育方案"或"皮亚杰早期教育方案"等。也有一些幼儿园课程是根据某种价值追求或教育内容、方法上的某种特色来确定名称的,如"学会学习课程"、"生存课程"、"素质教育课程"、"游戏课程"等。这些不同名称的幼儿园课程从教育理念到实施方案的确各有特色,但就其课程形态而言,似乎并没有太超出前面的分类,只不过在课程结构——一个课程体系中所采用的课程类型及不同类型之间的比例关系上,以及具体的组织方式、策略上各有不同。

总体来说,幼儿园课程基本以活动课程为主要形式,同时,隐性课程的特点十分突出。"通过环境教育幼儿"、"保育与教育相结合"、"寓教育于一日生活中"、"以游戏为基本活动"、"在生活中、在游戏中、在幼儿的自主活动中指导幼儿学习"等均反映了幼儿园课程的这两个特点。

三、幼儿园课程的特点

虽然说,从学前教育到高等教育,课程有其共同之处,但是,幼儿园课程在许多方面是有别于其他各级各类教育的课程的,其最明显的差别表现在对教育对象的考虑方面。以幼儿为教育对象的幼儿园课程的决策,要求教育者更多地关注个体儿童的发展水平。

(一) 幼儿园课程是基础性教育课程

幼儿园课程的基础性可以从两个角度说明:一是从教育体制的角度;二是从人的发展的角度。

从教育体制的角度看,幼儿园教育是学制的最初环节。幼儿园课程是幼儿园教育的"心脏",承担着幼儿园教育的任务。幼儿园教育是对学前儿童实施的教育,其以后的教育阶段是小学教育。由此可知,幼儿园课程是小学课程的前一阶段,二者具有客观连续性。无论我们承不承认,不管学前儿童是否接受学前教育,将来必然要进入小学继续小学教育。因此,幼儿园课程对小学课程必然有奠基作用。

从人的发展的角度看,幼儿园课程的对象是3～6岁的幼儿。幼儿正处于人生发展的初始阶段,此时,他们的身体迅速发育,心智逐渐萌生,个性开始萌芽。他们的自然生命正在接受人类社会文化的熏陶,进行着社会化过程。这一阶段所获得的学习经验不仅影响着他当时的发展,更作为他选择今后的教育影响的"过滤器",影响到青少年期,甚至影响一生。而为幼儿提供学习经验的幼儿园课程,更因此而具有基础性——为儿童的一生成长奠定根基。

（二）幼儿园课程是适宜发展性课程

适宜发展性课程突出两点，一是适宜性，二是发展性，当然两者是紧密相关的。这归根到底，是学前儿童健康发展和社会发展的客观要求。

由此可见，幼儿园课程应当具有以下特征：

(1) 课程适合学前儿童身心发展的客观需要，但不是仅仅停留于迎合，或迁就学前儿童身心发展的现状。

(2) 课程对学前儿童发展是适当的，提供的影响是经过选择、优化的，具有选择性。

(3) 课程是要提供适宜的刺激，促进学前儿童适当的发展，具有发展性。既要保证学前儿童达到应有水平，获得充分发展，又要为其以后良好发展奠定基础，即拓展学前儿童的"最近发展区"。

(4) 课程要适合学前儿童发展的普遍性，充分考虑学前儿童全体发展的共同性，还要适合不同儿童发展的独特兴趣与需要，照顾其个性。

(5) 课程还要适当照顾教育者，切合社会发展的客观要求。

所谓适宜发展，指的是幼儿园课程要适合幼儿身心发展的客观规律与特点。但是，适宜发展并不等于适应发展，并不表示要一味迎合、迁就幼儿现在的身心发展水平。课程是为幼儿的发展服务的，因此必须努力促进幼儿更健康、更和谐的发展。适宜发展本身就意味着促进发展。因此，课程不能停留于幼儿的自发活动和自由兴趣上，而应帮助引导他们，逐渐使其经验系统化、兴趣深刻化、思维条理化、行动有意化，逐渐形成他们良好的社会性、个性品质。可以说，适应发展是"手段"，促进发展才是目的。

（三）幼儿园课程是启蒙性课程

学前阶段是人生发展的重要阶段，也是人生启蒙的阶段，学前教育的目标应使幼儿在原有发展水平的基础上得到初步的身心锻炼和启迪，使幼儿在享有快乐童年的同时，身心得到与其发展水平相适应的发展和提高。所以，幼儿园课程应是启蒙性的，不宜追求过高的目标，尤其不应追求过高的认知目标。

幼儿园课程的对象是3～6岁的儿童，而这个年龄的儿童正处于能够迈开脚步走出家门，睁开双眼观看窗外的年龄。虽然内在的生命活力使得他们好奇好问，充满了求知的渴望；迅速发育的身体动作，像白纸一样开放吸收的心智，也为他们了解、探索这个奇妙的世界提供了基本的条件。但是，对于这个复杂而神秘的世界，他们毕竟还是懵懵懂懂，一个睿智的引导者是必不可缺的。学前教育应该成为这样一个睿智的引导者，幼儿园课程自然也就担负着这样一个启蒙——启于始发、蒙以养正的基本任务。

（四）幼儿园课程是生活性课程

幼儿园课程是为学前儿童设计和组织实施的，学前儿童处在身心发展的特殊时期，他们的思维是感性的、直观的。对学前儿童来说，最有效的学习就是他们感兴趣的学习，最有效的学习内容就是他们可以感知的、具体形象的内容。这种学习内容主要源自儿童周围的现实生活。因此，幼儿园课程的内容与现实生活的距离越近，越能引发幼儿的学习兴趣，幼儿的学习也就越有效。当然，现实生活是多层次的、复杂的，生活中有有益的经验，也有无益的或有害的经验。因此，必须对生活进行过滤，才能使之成为课程内容，且这些内容不应是以知识的逻辑组织起来的严格的学科，而应是以生活的逻辑组织起来的多样化的、感性化的、趣味化的活动。幼儿园课程的生活性还意味着幼儿园课程的内容并不是严格的学科知识的再现，课程内容是随着生活情境的变化而发生变化的，幼儿的兴趣是确定课程内容的重要依据。综合利用各种教育途径，科学、有效地利用一日生活的各个环节进行教育，是幼儿园课程的另一特点。

（五）幼儿园课程是游戏性课程

游戏是幼儿的天性，是幼儿的基本活动形式，也是他们的一种重要的学习途径。在幼儿园课程中，学习与游戏的关系是辩证统一的。幼儿的游戏中蕴含着丰富的教育价值，能让幼儿在其中生动活泼、积极主动地学习与发展。因此，幼儿的游戏活动本身就是幼儿园课程结构中的重要形式，是实施素质教育的重要渠道。即使在教师专门设计、组织和指导的学习活动中，"游戏性"也是非常重要的，即要符合幼儿的兴趣，让他们在没有压力的情况下，生动活泼、积极主动、富有创造性地学习，并获得愉快的情感体验。为此，《幼儿园工作规程》中明确指出，幼儿园教育工作的基本原则之一，是"以游戏为基本活动"。

（六）幼儿园课程是潜在性课程

潜在性是指那些没有列入正规课程计划和教育政策，但是在教育实践中又不可避免地会对受教育者的身心发展产生影响的因素。潜在性具有以下特征：

（1）无意识性。潜在课程常常借助于正规课程的形式或其他方式存在，幼儿受其影响也常常是无意识的。

（2）非预期性。对于教师和幼儿而言，潜在课程的作用是事先往往没有意料到的。当然，影响有良莠之分、优劣之别。

（3）不易察觉性。潜在课程的功能与效果，多数情况下不易明显看到，具有模糊性，难以断定何时所得。

（4）多样性。潜在课程存在于丰富多彩的教育活动或非教育活动之中，内容繁多，形式多样。

上述幼儿园课程的种种特点，决定了它与中小学课程的另一不同，即课程的潜在性和隐蔽性特征，有人甚至把它视为幼儿园课程与中小学课程的最根本的不同。

对于中小学来说，潜在课程和隐性课程当然也是存在的，其教育影响也不可忽视、低估，但毕竟显性课程的力量要强大得多：课表、教材、课堂教学、作业等无一不表明了直接教学、显性控制是中小学实施素质教育的主渠道，这也强化了教师的教育意图和自己的角色意识、行为目标。所以，中小学的课程外显性、张扬性是突出的。

幼儿园课程与中小学课程相比，还有其他一些特点，如课程的综合性、浅显性等，但上述几点无疑是更主要的。从早期教育课程发展的历史，我们也可以看到，幼儿园课程既具有与其他各级各类课程相同的关注社会文化和知识性质的特点，也具有更为注重儿童发展的不同于其他课程的特点。为此，把握住幼儿园课程的基本特点，就不会在设计和组织幼儿园课程时偏离大方向。

【拓展阅读】

- 幼儿园课程的生活化
- 幼儿园课程的适宜性

第二章 幼儿园课程目标

问题情境

某幼儿园中班年级组正在开展教研活动,讨论分析张老师执教的教学活动"我和瓶子做朋友",分析的焦点集中在这一教学活动的活动目标上。张老师这一活动的目标定位是这样的:

1. 引导幼儿在各种形式的活动中获得多方面的知识经验,感受玩瓶子带来的乐趣。
2. 培养幼儿运用已有知识经验解决在活动过程中出现的问题的能力。
3. 鼓励幼儿乐于参与操作、游戏等活动,能大方地与同伴交往。

很多老师认为这样的活动目标太宽泛、不清晰、可操作性差,不适于一个具体的教育活动,起不到目标做"指南针"的方向作用。可张老师却认为她的这一活动目标既涉及了情感领域的目标,也有知识经验与能力的目标,同时还有社会性发展方面的目标,她认为是全面的、合适的。教师们各执己见,一时相持不下。

上述问题情境反映了实践中教师对幼儿园课程目标的一些模糊认识。的确,在整个教育体系中,确定课程目标具有举足轻重的作用。因为课程目标是教育活动的灵魂,它不仅有助于指明教育活动的方向,有助于教育活动内容的选择与组织,而且是教育活动实施的依据与评价的一个重要指标。只有明确了课程目标"是什么"和"为什么教"的问题后,才可能解决"教什么"与"怎么教"的问题。因此,怎样确立幼儿园课程目标,课程目标的层次与结构如何,怎样表述课程目标,是幼儿园课程改革中的基本问题。

幼儿园课程

第一节 幼儿园课程目标的内涵与取向

一、教育领域中不同层次的目标

教育领域中的目标有不同的层次,最上位的概念是教育目的。教育目的是指教育的总体方向,它体现的是普遍的、总体的、终极的教育价值[①],以提高国民素质为根本宗旨,以培养学生的创新精神和实践能力为重点。造就"有理想、有道德、有文化、有纪律"的德、智、体、美等全面发展的社会主义事业建设者和接班人,这是我国当前对教育目的的表述,它阐明了培养人才的规格和方向。可见,教育目的是对受教育者总的要求,是教育活动的出发点和归宿,是教育实践活动的第一要素和前提。

教育目标是教育目的的下位概念,它所体现的是不同性质的教育和不同阶段的教育的价值,如幼儿教育、中等教育、高等教育等分别具有不同的教育目标。我国《幼儿园工作规程》所规定的幼儿园教育目标为:"对幼儿实施体、智、德、美诸方面全面发展的教育,促进其身心和谐发展。"[②]

课程目标是现代课程理论中一个十分重要的概念,"是指通过具体的教学内容和教学活动使学生在某一时间内将发生的性质不同和程度不同的变化结果"[③]。它是教育目标的下位概念,是教学目标的上位概念,介于教育目标和教学目标之间,起着桥梁转换作用。课程目标在教育目标的制约下,具体体现课程开发与教育活动的价值取向。

教学目标是教学活动预期达到的结果,是学生学习以后预期产生的行为变化,表现为对学生学习结果及终结行为的具体描述,具有指引教学方向、指导教学结果的测量与评价、指导教学策略的选择和运用以及指引和激励学生的学习等功能。[④] 教学目标是课程目标的载体,是课程目标的具体化,只有将课程目标转化为一系列具体的可操作的教学目标,课程目标才能得以落实,并

---

① 张华.课程与教学论[M].上海:上海教育出版社,2000:150.
② 张琳.幼儿园教育活动设计与实践[M].北京:高等教育出版社,2005:266.
③ 白月桥.课程标准实验稿课程目标订定的探讨[J].课程·教材·教法,2004,24(9):2.
④ 奚定华.数学教学设计[M].上海:华东师范大学出版社,2001:59-60.

通过一系列的教学目标的达成,使课程目标最终得以实现。教学目标是教师根据学生实际制定的微观层次的目标,教学目标可以因学校、教师、学生的实际情况的不同而不同,并可以随时调整,所以说,教学目标是具体的、个性化的。教育领域中的目标,一般来说,越下位的目标应越具体、明确,从上位到下位是一个从一般化、概括化向具体化、可操作化转化的过程。

教育领域中不同层次的目标,可用下图来表示(见图2-1)。

图2-1 教育领域中不同层次的目标

泰勒对课程目标研究做出了突出贡献,他认为不必对课程目标、教学目标作很细致的区分。目前,国内的课程专家也主张课程目标与教学目标不必作过分明晰的划分。[1] 因此,以下所涉及的课程目标包括教师所制订的教育活动目标。

二、幼儿园课程目标的内涵

对课程目标,国内外使用的相关术语概念比较多,最早提"课程目标"的学者是美国的博比特。他认为课程目标指的是那些"儿童需要掌握和形成的能力、态度、习惯、鉴赏和知识的形式"[2]。中国台湾黄政杰先生认为,课程目标是课程设计的方向或指导原则,是预见的教育结果,是学生经历教育方案的各种教育活动后必须达成的表现。[3] 从众多的术语概念来看,中外学者均把课程目标理解为一定学段的学校课程力图最终达到的学生发展的标准。

因此,我们认为,幼儿园课程目标的内涵就是幼儿园课程力图促进幼儿的身心发展所要达到的预期结果,它包含三个要点:一是时限,即幼儿园阶段,包括从起点(2~3岁)到终点(6岁)的年龄期限;二是幼儿在这一阶段最终的发展状态和发展水平,发展状态表明幼儿的整体素质是否得到全面、主动、和谐

---

[1] 张华.课程与教学论[M].上海:上海教育出版社,2000:152.
[2] Bobbitt, F. The Curriculum. Boston: Houghton Mifflin Company, 1918: 42.
[3] 黄政杰.课程设计[M].台湾:台湾东华书局,1991:186.

的发展,发展水平则是指幼儿基本素质的发展所达到的高度;三是社会的期望,即课程要符合社会和时代发展的要求,它是决定幼儿发展状态和发展水平的依据之一。

为了深刻把握课程目标的含义,必须注意区分年龄特征和课程目标。年龄特征指的是各年龄段儿童的身心发展的一般特点,幼儿在各年龄阶段的生理、心理发展具有各自显著的特点。年龄特征是制定课程目标的重要依据,但不是课程目标本身;年龄特征是幼儿的现有发展水平,课程目标是课程所要努力的方向。由于年龄特征概括的是各年龄段儿童身心发展的一般的、共同的特点,不能很好地反映发展的个体差异,不能反映出幼儿的现实发展状况,所以年龄特征总体是一种标准化、普适性的目标,它可以作为教师观察、了解、把握本年龄段幼儿特点的参考指标,可作为制定课程目标的重要依据,但不宜作为具体课程实施中的目标。因为其表述是宽泛的、概括的,其指向的幼儿是抽象的、静态的,而课程目标则要求具有一定的细致性和可操作性,其指向的幼儿都是具体的、动态的、不断发展变化的个体。教师可利用年龄特征进一步去观察、了解自己的教育对象,制定出符合本班幼儿需要和实际发展水平的课程目标。如大班幼儿的年龄特征有:"创造欲望比较强烈""象征性游戏趋于成熟""表现与表达方式多样化",它概括了5~6岁这一年龄段的幼儿在创造力及表达、表现发展水平方面的一般的、共同的特点。从这一特征出发,教师可依据它来观察了解本班幼儿的实际情况是否与这一特征相符,有多少幼儿是符合的,有多少幼儿在这方面还达不到一般水平或已超越一般水平,从而结合本班幼儿的实际发展情况制定出适宜的课程目标,以此来指导课程实施。

三、幼儿园课程目标的取向

幼儿园课程目标在学前教育目的与幼儿园课程之间起了衔接作用,使学前教育的特定价值观能在课程中得以体现。幼儿园课程目标的确定,使幼儿园课程编制的方向能得以明确,使课程内容的选择和组织以及课程的实施和评价等与课程目标成为一个有机的整体。

对儿童发展、社会需求和知识的性质以及这三者之间关系的不同理解,使课程目标存在不同的价值取向。在幼儿园课程中,较为常见的目标取向有行为目标、生成性目标和表现性目标等。

(一)行为目标

行为目标是对儿童具体的、可被观察的行为进行表述的课程目标,它指向的是实施课程以后在儿童身上所发生的行为变化。行为目标具有客观性和可

操作性等特点。

行为目标在课程领域中的确立始于博比特,他在1918年出版的《课程》中提出了课程科学化的问题,认为课程目标必须科学化、标准化。在他1924年出版的《怎样编制课程》一书中,他曾用"活动分析法"对人类经验和职业进行了系统分析,由此提出了10个领域中的800多个目标,为行为目标在课程领域的确立奠定了最初的基础。

泰勒在1949年发表的《课程与教学的基本原理》一书中系统发展了博比特等人的行为目标理念。泰勒认为,课程目标应根据对社会的研究、对儿童的研究和对学科的研究而得出,并要通过教育哲学和学习理论的筛选。课程目标一旦确定,应运用一种最有助于学习经验的选择和教学过程的指导的方式来陈述目标,这种方式应该是"既指出要使学生养成的那种行为,又指明这种行为能在其中运用的生活领域或内容"①。这样,目标实际上包括"行为"和"内容"两个方面。泰勒克服了博比特等人把课程目标无限具体化的倾向,主张在课程目标的概括化与具体化之间找到一个"度","倾向于把目标看作是形成的一般反应模式,而不是要学习的非常具体的习惯"②。后来,泰勒又指出,课程应关注儿童学会一般的行为方式,"目标应该是清楚的,但不一定是具体的"③。泰勒的这些主张对行为目标的健康发展打下了坚实的基础。

(二) 生成性目标

生成性目标是在教育过程中生成的课程目标。如果说行为目标关注的是结果,那么生成性目标关注的则是过程。以生成性目标为取向的学者认为,教育是一个演进过程,课程目标反映的应是此过程的方向的性质,而不是此过程的某些阶段的或外部东西的性质。生成性目标反映的是前者,它反映的是儿童经验生长的内在要求,反映的是问题解决的过程和结果。

生成性目标这一取向可以追溯到杜威。杜威提出"教育即生长"的命题,根据这一命题,教育目的就是促进儿童的生长。杜威明确反对把外在的目的强加于儿童,他认为,目的是在教育过程中内在地决定的,是教育经验的结果。

斯滕豪斯的"过程模式"给予生成性目标另一种意义。由于目标模式存在

---

① [美]泰勒著.施良方译,瞿葆奎校.课程与教学的基本原理[M].北京:人民教育出版社,1994:136-137.

② [美]泰勒著.施良方译,瞿葆奎校.课程与教学的基本原理[M].北京:人民教育出版社,1994:136-137.

③ [美]泰勒著.施良方译,瞿葆奎校.课程与教学的基本原理[M].北京:人民教育出版社,1994:136-137.

缺陷并由此而招致了太多的批评,斯滕豪斯放弃了"目标"一词,而借用彼得斯的"过程原则"表述他的生成性目标取向。他认为,课程不应以事先规定的目标为中心,而要以过程为中心,要以儿童在教室内的表现为基础而展开。斯滕豪斯认为,教育主要包括"训练"、"教学"和"引导"三个过程。"训练"和"教学"可以用"行为目标"来陈述,而"引导"则不能用"行为目标"加以表达。因为"引导"的本质恰恰在于它的不可预测性。他特别指出,教育的本质是"引导",即引导儿童进入知识之中的过程,教育成功的程度即它所导致的儿童不可预期的行为结果增加的程度。斯滕豪斯认为,课程可以规定教师所要做的事情,问题是教师不能把这些规定看作教育的目的或结果,以此评价儿童的学习结果,而应在处理这些所要做的事情的过程中,对儿童的发展持一种审视、研究和批评的态度,从而引导儿童不断地发展。斯滕豪斯曾经明确指出:"没有教师的发展就没有教育的发展,而且发展的最好的手段不是通过明晰目的,而是通过批评实践。"

生成性目标取向在人本主义课程理论中发展到了极点。例如,人本主义心理学家罗杰斯认为,凡是可以教的东西,相对而言都是无用的,对人的行为基本上不会产生什么影响,而真正能够影响人的行为的知识,只能是他自己发现并加以同化的知识。因此,课程要为儿童提供有助于个人自由发展的学习经验,应强调儿童个人的生长、个性的完善,而不是关注如何界定和测量课程本身。因此,持生成性目标取向的人坚持"过程"这一类有些模糊的术语、而不采用比较可操作的方式界定目标,因为他们认为:如若他们这样做,就会破坏生成性目标取向的原本意图。

(三) 表现性目标

表现性目标是指每一个儿童在具体教育情境的各种相互作用中所产生的个性化表现。

表现性目标是艾斯纳提出的一种目标取向,这种目标取向的提出,与艾斯纳受其所从事的艺术教育的启发有关。艾斯纳在他的研究中发现,在艺术领域里,预定的行为目标不适用,因此提出了表现性目标作为补充。

艾斯纳认为,在编制课程时存在两种不同的教育目标,它们是教学性目标和表现性目标。教学性目标是课程中预先规定好的,规定儿童在完成学习活动后所应该习得的知识、技能等,它适合于表述文化中已有的规范和技能,它通常对大部分儿童而言是共同的。表现性目标与教学性目标不同,它强调的是个性化,目标指向的是培养儿童的创造性。表现性目标不规定儿童在完成学习活动后应该获得的行为,而是指向每一个儿童在教育情境的种种"际遇"

中所产生的个性化表现,它适合于表述复杂的智力活动,已有的技能和理解是这种活动得以进行的条件。艾斯纳认为,只要儿童的创造性得到充分发挥,那么他在教育情境中的具体行为表现和所学得的东西是无法准确预知的。因此,表现性目标追求的不是儿童反应的同质性,而是反应的多元性。以表现性目标为取向的课程评价不是学习结果与预期目标的一一对应,而是一种美学评论式的评价,即对儿童活动及其结果作鉴赏式的批评。

艾斯纳提出表现性目标这一概念,其用意并非在于替代教学性目标,而在于完善教学性目标。艾斯纳认为,如果教师希望儿童富有想象力地运用技能和观点,希望儿童能建立某种完全属于自己的形式或观点,那么表现性目标极为合适,因为表现性目标是以表现技能为基础的。艾斯纳说:"表现不仅仅是感情的发泄,而是感情、意象与观点转化成某种材料的表达,一旦转化了,这一材料就成为表达的媒介。在此种转化中,技能是必需的,因为没有了此种技能,转化就不会发生。"①艾斯纳在阐述教学性目标和表现性目标的关系时指出,教学性目标针对的是表现所必需的某种技能的发展,这些技能一旦得到,便可用于表现活动之中。表现性目标则是鼓励儿童运用已有的技能,拓展并探索自己的观点、意象和情感。

第二节 幼儿园课程目标的建构与表述

在课程建构中,目标体系的建立是一项技术性很强的工作,它直接影响到教育活动的展开及评价指标的确定。掌握建立课程目标的策略和方法,对科研人员、幼儿园教学主管领导及教师都是非常必要的。

一、幼儿园课程目标的纵向层次

当前我国幼儿园课程设计的一个显著特点是:普遍以目标为先导,并将目标层层分解,之后落实到具体的教育活动中,体现出一种纵向层次。因此,所谓幼儿园课程目标的层次是指课程从制定到实施的全过程中目标的表现形

---

① [美]艾斯纳著,孙宏等译.儿童的知觉与视觉的发展[M].长沙:湖南长沙美术出版社,1994:150.

态,它反映了课程目标从最高决策层到具体实施层的转化过程。一般来说,这种转化要经过三个层次。

(一) 幼儿园课程的领域总目标

《幼儿园工作规程》规定的保教目标是幼儿园教育的总目标,是幼儿园的终极目标或宏观目标。《幼儿园教育指导纲要》规定的各领域目标是根据《幼儿园工作规程》、幼儿的发展特点及学科领域制定的,概括性强,较为宏观,但可操作性差,不能根据此直接开展具体的教育活动。这层目标主要由国家幼教行政部门制定。

(二) 地方性课程目标

这是地方或幼儿园根据国家法规构建的连接"规程"、"纲要"与教师具体操作的平台。这种目标一方面按照国家的有关文件精神编制,一方面也考虑到了地区及各幼儿园的实际,具有一定的操作性和指导性,往往以年龄段和领域为划分目标的两个指标,便于教师通过教育教学落实"纲要"精神,可以认为是一个中观目标。这层目标主要由各级研究人员制定,教师参与制定。

(三) 单元目标和教育活动目标

这是教师自己制定的可操作性的微观目标。单元目标既可以是内容单元,也可以是时间单元。内容单元可以主题形式展开,作为时间单元时,这层目标就相当于"月计划""周计划"中的目标。

教育活动目标是某一教育活动期望达成的效果,它更为具体微观,操作性强。幼儿园课程目标只有最终转化为教育活动目标,才能将课程目标贯彻到具体的教育过程中,才能落实到幼儿发展上。这层目标主要由教师制定。

二、课程目标的横向结构

课程目标的结构是指课程的内部构成,各个层次的课程目标都有其内在的构成,它往往体现为对一个课程标准的不同角度的分类。有的按照课程的内容体系进行划分,如《幼儿园教育指导纲要》,将课程目标概括为健康、社会、科学、艺术、语言五个领域的目标;有的是以儿童发展领域为结构框架表述的,如美国哈托夫(Hatnff)拟订的幼儿园课程目标,将幼儿发展领域划分为四个方面,即社会与情绪的发展、知觉和动作的发展、认知发展、语言发展,分别从这四个方面确定课程目标。

布鲁姆的教育目标分类是当前被各级各类教育广泛采用的规范、清晰的分类方法,他将教育目标分为三大领域,即认知、情感、动作技能领域。每一个

领域按照其性质由简到繁、由易到难、由具体到抽象、由低级到高级分为若干层次,如认知领域分为认识、领会、应用、分析、综合、评价六个主层次,情感领域分为接受、反应、估价、组织、性格化五个主层次,动作技能领域分为反射动作、基本动作、知觉能力、体能、敏感性、技巧技能和有意沟通。这种分类标准,也是从儿童的角度出发的一种分类方式,体现了对人的发展价值的重视。

教育目标分类学为课程设计和评价提供了重要工具,使得这两个方面的工作得到了前所未有的系统化、规范化。认知、情感、动作技能三个领域,基本能够周延个体发展的所有内容,以此作为课程设计的目标,具有重要的方法论意义,使得课程获得了逻辑上的全面性。由于布鲁姆以心理学作为教育目标分类的基础,这样三个领域的目标与传统的德、智、体分类相比,在科学上也获得了比较可靠的保证。而且,这个分类特别突出了能力的重要性,知识只是认知领域中最低层次的目标,其价值在相当程度上是作为理智的能力和技能的基础,造就为培养学生能力的课程提供了理论依据。但是,教育目标分类学将目标分为三个方面带有较重的人为痕迹,在人的现实发展中,三者总是交织融合在一起的。虽然各个领域的目标划分了层级,但彼此之间的界限并不十分确切;而且有人认为这样的目标无法应用于不同的学科。

目标分类学对我国的教育改革也产生了重要的影响。从国内近年来的研究看,很多课程目标的建构都吸取了布鲁姆的分类方法,同时又综合了课程的不同领域或幼儿的不同心理发展水平,构成了两维或三维的课程目标建构模式。如将幼儿心理发展水平(心理年龄)、心理结构(认知、情感、动作技能)、教育范畴(体育、智育、德育、美育)作为课程横向结构的三个维度加以建构的模式;将内容领域(健康、科学、社会、语言、艺术)与心理结构(认知、情感、动作技能)作为课程建构的两个维度加以建构的二维模式等。

三、幼儿园课程目标的表述

幼儿园课程目标的表述涉及两大方面的内容。目前常用的表述方式基本有两种:

1. 从教师角度表述

从教师角度表述课程目标比较明确地指明了教师应该做的工作与应该努力达到的教育效果,对于教师明确自己在课程教学中的角色与作用有很大的帮助。在从教师角度表述时,常用"鼓励"、"引导"、"帮助"、"使"、"培养"、"促使"等字眼,如这样的课程目标表述:

鼓励幼儿提出问题,对事物进行比较,找出相互之间的联系。
帮助幼儿获得形状、颜色、大小、分类、顺序等概念。
使幼儿体验到幼儿园生活的乐趣以及靠自己的能力行动的充实感。
……

但从教师角度出发表述课程目标容易促使教师过多地关注自己的"教",考虑"教什么"、"怎么教",而忽略了幼儿的"学",因此多数人主张从幼儿角度表述课程目标。

2. 从幼儿角度表述

从幼儿角度出发表述课程目标能明确幼儿通过学习后应该达到的发展程度。常用"感受"、"喜欢"、"理解"、"能"等字眼,如:

能初步感受并喜欢环境、生活和艺术中的美。
喜欢参加艺术活动,并能大胆地表现自己的情感和体验。
能用自己喜欢的方式进行艺术表现活动。
注意倾听对方讲话,能理解日常用语。
……

从幼儿角度表述课程目标可以促使教师更多地关注幼儿"学什么"与"怎么学",关注幼儿的学习方式,关注幼儿学习的效果,促使教师更多地"以学定教",避免单纯地"以教定学"。

【拓展阅读】
- 幼儿园课程的编制原则
- 幼儿园课程的目标及模式

第三章 幼儿园课程内容

幼儿园课程目标是课程的指南针,幼儿园课程内容是实现幼儿园课程目标的手段。前者解决"为什么",后者则是要解决"教什么"或"学什么"。在选择课程内容时必须考虑:什么内容最适合幼儿学习?学习哪些内容最有利于实现课程目标,使幼儿达到预期的发展?因此,"制定教育内容是一项兼有认识论、价值哲学和教学法特点的活动。它主要在于根据各个层次或年级的特定目标恰当地选择和组织信息。"[①]幼儿园课程内容与幼儿园课程目标相符合的程度,与幼儿园课程编制者所持有的价值取向能否得以实现有直接的关联。

第一节 幼儿园课程内容概述

一、幼儿园课程内容的三种价值取向

对幼儿园课程内容的理解,取决于人们对幼儿园课程的理解。根据教育史上关于课程理解的三种价值取向,幼儿园课程内容也存在三种价值取向:

(一)课程内容即教材

该课程内容价值取向认为:课程内容就是以教材为依据教给儿童的知识,即儿童要掌握各门学科中特定的事实、观点和原理。在这里,课程内容表现为一种静态的知识及体系。尽管教材在幼儿园课程中一般指教师指导用书,而不是儿童使用的,但课程内容持这一取向,就会使课程编制者将课程内容的重

---

① S. 拉塞克等著,马胜利等译. 从现在到2000年教育内容发展的全球展望[M]. 北京:教育科学出版社,1996:124.

点放在为教师的教学编制的教材上,将课程内容作为预设的东西,规定教师应该教什么和儿童应该学什么。该课程内容取向的优势在于知识和技能的系统性和可操作性强,便于教师在教育、教学过程中有据可依。因此,在教育实践中很多教育工作者都认同这种观点。

但是,这一取向使课程内容成为课程编制者规定的儿童必须接受的东西,它不一定是儿童需要的和感兴趣的东西。为了弥补课程内容取向的这一弊端,课程编制者和教师经常会想方设法地运用各种教学技术和技巧,对教材进行加工和改造,试图使教材能引起儿童的兴趣。杜威曾运用十分生动形象的语言,批评这种事后弥补的做法是让儿童"在他高兴地尝着某些完全不同的东西的时候,吞下和消化一口不可口的食物"①。

(二) 课程内容即学习活动

该课程内容价值取向认为:课程内容应该关注儿童在学习过程中实际做了些什么,强调课程与社会生活的联系,强调儿童在学习中的主动性。正如英国教育家怀特海所说:"教育只有一种教材,那就是生活的一切方面。"这一取向是对"课程内容即教材"的挑战,认为不应该只告诉儿童一些基本事实和方法,而应该关注儿童在活动中的表现。把动态的学习活动作为课程内容,有助于激发儿童的学习兴趣,培养儿童的行为能力,增长儿童的实际经验,使儿童在亲身体验中获得发展,从而把学习过程变成儿童积极主动的"我要学"的过程。目前,教育工作者积极采纳了该课程内容取向的观点,在课程编制中设计和安排大量的活动,并让儿童在参与活动的过程中去探索和发现。

但是,这一课程取向也会出现一个弊端,即关注的只是儿童的外显活动,不能确保活动引起每个儿童深层次的心理结构的变化;无法观察到儿童吸收、同化课程内容的内部过程,也无法真正了解每一个儿童从活动中所获得的意义。因此,课程内容的这种取向,没有从根本上反映出儿童学习的本质。

(三) 课程内容即学习经验

该课程内容价值取向认为:课程内容就是学习经验。"学习经验是指学习者与他对做出反应的环境中的外部条件之间的相互作用。"②儿童是主动的学习者,能否学到什么取决于儿童做了什么,而不是教师做了什么。教育的关键手段是教师向儿童提供学习经验,即构建能激起所期望行为的情境,而不是展

---

① 杜威著,赵祥麟等译. 学校与社会·明日之学校[M]. 北京:人民教育出版社,1994:130 - 133.
② [美]拉尔夫·泰勒著,罗康,张阅译. 课程与教学的基本原理[M]. 北京:中国轻工业出版社,2014:66.

示各种事物。该课程内容取向强调儿童在与环境交互作用中经验的获得和知识的建构,而不是特定知识的传递,或是一般意义上活动的组织和安排。因此,该课程取向强调在课程编制时特别关注幼儿园环境的创设,关注儿童经验的获得。这一理念在以皮亚杰建构理论为基础的早期儿童教育课程和教育方案中得到实践。

但是,这一课程取向在课程编制和实际操作中带来难度。原因在于:一是经验是儿童主观的心理体验,教师无法把握儿童的心理受环境影响的过程和获得经验的过程,因此很容易导致课程跟着儿童走,最终影响课程目标的实现;二是课程编制者在课程编制时既要考虑知识的选择,还要考虑如何促进儿童与知识发生相互作用、儿童是否真正理解课程内容、儿童得到的经验是什么,等等。

通过以上分析可见,关于课程内容的三种价值取向,都有其积极合理的一面,也都有其明显的缺陷。在教育实践中,我们可以根据课程目标及儿童的年龄特点,兼顾学科知识、学习活动和学习经验几个方面,有所侧重地选择课程内容。

二、幼儿园课程内容的含义

根据学前教育的性质,纵观教育史上关于幼儿园课程内容的理论和实践,参照现代知识观及幼儿的年龄特征,我们认为,幼儿园课程内容是指依据幼儿园课程目标选定的、通过一定的形式表现和组织的基本知识、基本态度、基本技能和基本行为。可以从以下几个方面来理解:

(一) 幼儿园课程内容与幼儿园课程目标紧密相关

幼儿园课程目标是幼儿园课程内容选择的依据,是幼儿园课程内容确定的价值导向,幼儿园课程目标中所蕴含着的基本价值将分化、延续到课程内容之中,并通过课程内容及相关活动得以实现。① 幼儿园课程内容与幼儿园课程目标相符合的程度,直接影响到幼儿园课程目标的实现与否。因此,幼儿园教师在选择课程内容时要心中有目标,而不是将两者割裂开来。

(二) 幼儿园课程内容的构成

幼儿园课程内容是幼教工作者希望幼儿学而且幼儿能学到的东西,包括基本知识、基本态度、基本技能和基本行为。具体包含以下几个方面:

---

① 虞永平.学前课程价值论[M].南京:江苏教育出版社,2002:196.

(1) 关于周围世界(包括自己)的浅显而基本的认知经验。
(2) 关于基本活动方式(包括认识活动)的行动经验("做"的经验)。
(3) 关于发展智力、提高能力的经验。
(4) 关于对待世界(包括自己)和活动的态度,即情意方面的经验。①

这几个方面是幼儿园课程应该向幼儿提供并保障的基本学习内容。这是基于对幼儿园课程价值的判断和对幼儿认知心理结构认识的结果。一方面,它符合课程目标及儿童的年龄特点,兼顾了学科知识、学习活动和学习经验几个方面。另一方面,人的认知心理是由知、情、意、行组成,促进幼儿的认知心理发展就必须兼顾幼儿知、情、行的全面发展。基于这样的认识,幼儿园课程内容必须涵盖知识、态度、行为等几方面的内容,缺一不可。

(三) 幼儿园课程内容的表现和组织形式

幼儿园课程内容的不同方面,决定了幼儿园课程是以不同的表现形态呈现。既有静态的课程、动态的课程,也有动静融合的课程。要求教师既要重视显性课程,即课程计划中呈现的课程对幼儿带来的外显的可预测的变化,也要重视隐性课程,包括幼儿园环境、师幼交往、班级管理、教师的教学风格等对幼儿潜在性、非预期性的影响。

幼儿园课程内容的重要载体和组织形式是活动,因为它不仅是内容的载体,同时也是内容本身。课程内容(幼儿需要学习的态度、知识、技能和行为方式)分别蕴涵或组织在活动的基本结构——活动对象和活动过程中。幼儿通过参与课程活动接触这些内容,最终通过内化而积累学习经验,促成自身的发展。

三、明确幼儿园课程内容含义的意义

理解了幼儿园课程内容的含义,对教育实践有重要的指导意义:

(一) 可以理解幼儿的学习方式

幼儿学习方式受制于教育理念、教育内容和幼儿的年龄特征等。首先,新的知识观要求幼儿学习方式的多样化。新知识观强调知识是动态的,认为除了固化的知识,"实践"、"体验"、"操作"等"做"的能力也属于知识范畴。幼儿是知识学习的主动构建者,知识与知识的获得是密不可分的整体。其次,幼儿园课程内容要求幼儿学习方式的多样化。要根据基本知识、基本态度、基本技能和基本行为的课程内容选择适宜的学习方式,确保课程内容落实到位。第

---

① 冯晓霞.幼儿园课程[M].北京:北京师范大学出版社,2001:50.

三,幼儿的年龄特征要求学习方式重在体验。在幼儿阶段,游戏是其基本活动,以掌握直接经验为主。可见,幼儿的学习方式要改变单一的接收性学习方式,转向体验式、参与式、探索式等学习方式,从"掌握"方式到建构方式、从一种形式(上课)扩展到多种形式。

(二) 更加明确幼儿园"教材"的内涵

加深对幼儿园课程内容的理解,我们就更加明确幼儿园"教材"的内涵。在学前教育视野下,教材的含义不同于普通教育中所指教材的含义,不是教师教和学生学的文本。学前教育中所指教材一般是课程方案,只供教师参考使用,包括课程指导思想、课程目标、课程内容和课程实施策略(具体的方法、手段、形式等);对于幼儿来说,特定的环境及材料(实物的、形象的、符号的等)就是"教材"。

幼儿园课程内容表现为预设的课程方案和生成的课程方案。预设的课程方案一般是在课程实施前预先设计好的,表现为逻辑化了的教材。这里所说的逻辑化不仅指知识的逻辑,也包括幼儿心理发展的逻辑。生成的课程方案一般只确定课程目标,课程内容则是随着课程的实施进展而逐步确定,没有现成的文本。这种课程内容的特点是开放性、灵活性,"大自然、大社会都是活教材",陈鹤琴先生倡导的"活教育"部分可作这种课程的实例。① 目前,在我国学前教育领域,作为教师指导用书的"教材"有多种版本,许多幼儿园在实际操作时都是以"教材"为参考,结合时节、主题、儿童特点进行了重新设计,将预设和生成相结合。根据教师的专业发展层次不同,课程方案预设和生成的比例也会不同。

(三) 可以从容地应对"信息爆炸"的危机

现代科学技术迅猛发展,新知识和新信息也以几何级数在增长,如何优化信息资源、有效利用信息已成为世界难题。这反映到幼儿园课程内容中就是"幼儿学不过来"。人们总是以时代的要求为名,不断增加幼儿园课程内容,不仅要学语言、科学、健康、艺术和社会五大领域的内容,而且要学英语、电脑等方面的知识;不仅要关注幼儿的知识掌握,还要关注情感教育、能力培养等,不断扩展教育领域,使得幼儿园课程内容混乱和超载。幼儿园课程内容的界定,让我们可以从价值的高度审视复杂的知识和庞杂的信息,从容地面对"信息爆炸"带来的危机,选择适合幼儿发展所需要的内容。

---

① 虞永平.学前课程价值论[M].南京:江苏教育出版社.2002:197-199.

第二节 幼儿园课程内容的范围和类型

一、幼儿园课程内容的范围

幼儿园课程内容的范围是指幼儿园课程内容的基本要素或基本组成部分。它一般是指有助于幼儿发展的基本知识、基本态度、基本技能和基本行为的区域。

1. 有助于发展幼儿基础知识的课程内容

知识是人类智慧和文化的结晶,知识具有多种价值。它不仅能帮助幼儿认识自己生活的环境,还会通过这种认识影响他们的行动,比如避开危险、节约资源、从事有利于自己和他人健康的活动等。同时,知识还具有发展价值,是智力(如分类、概括等)发展、能力提高和情感态度培养的基础与前提。离开知识这种精神营养奢谈促进幼儿发展是毫无意义的。①

在帮助幼儿获得基本知识的时候要处理好几个问题:一是重知识、轻能力。在学前教育改革中,人们批评的"重知识"是指不顾幼儿是否理解,"重"的是死记硬背的知识、不理解的知识。这种知识不仅不具有促进发展的意义,还会给幼儿学习带来很大的压力,降低对学习的兴趣,以牺牲幼儿的学习兴趣和自信为代价,这样的知识获得实在是一件得不偿失的事。二是重视体验、忽视必要的知识的掌握。其主要表现是:选择课程内容时完全从幼儿的兴趣出发,既不考虑哪些知识是幼儿必须掌握的,也不考虑如何帮助幼儿整理、扩充、提升其自然、零散的日常经验,便之概括化、系统化。虽然幼儿园课程不以传授系统知识为目的,不强调系统的知识,但一些生活必需的知识还是需要掌握的,帮助幼儿使其已有知识经验系统化也是重要的,因为系统化本身还是一种认知方式,系统化的过程也是一个思维方式逐渐改造、思维水平不断提高的过程。三是要反对小学化的课程内容。一些幼儿园的课程内容主要为认识汉字、书写拼音及数字、加减法运算和念读英语等。小学化教学内容的学习剥夺了幼儿大量的游戏时间,由此导致的结果,一方面是密集高难的"小学化"教育

---

① 冯晓霞.幼儿园课程[M].北京:北京师范大学出版社,2001:50-51.

超越了幼儿的正常心智发育水平,给幼儿造成一种所谓的"习得性无助"——对学习的无能感和丧失自信心;另一方面,正如加拿大早教专家所认为的,幼儿期是动作能力均衡发展的关键期,也是培养创造力的重要时期,如果过早认字、写字和计数,会耗费幼儿的体力和脑力,延缓他们的动作甚至智力发展。①

因此,在幼儿园课程内容中,知识存在如何选择和取舍的问题,选择的唯一依据和标准应是知识能否提升和优化幼儿的学习生命质量。尽管知识的文化性决定了它对幼儿个体生命存在的意义,但并非任何知识都适合幼儿,也并非任何知识都能提升和优化幼儿的学习生命质量。我们必须从人类文化中精心选择能被幼儿体认的、符合幼儿年龄特点的知识,并通过教学达到提升和优化幼儿学习生命质量的目的。② 这样的知识包括:

生命活动必需的知识,如与幼儿的健康、安全有关的知识。

有利于幼儿解决基本的生活、交往问题的知识,如基本的社会规则、规则的意义等。

帮助幼儿认识自己生活环境的知识,如自然和社会环境中常见的名称、属性、幼儿能理解的事物之间的关系和联系等。

为今后学习系统的学科知识打基础的知识,如基本的数、量、时间、空间概念等。

为成长为未来社会的高素质公民奠基的知识,如简单的环保知识等。

2. 有助于发展幼儿的智力和能力的课程内容

发展幼儿智力和能力是幼儿园教育的主要目的之一,因此,课程内容中必须包含这一部分,而且应占有相当的比例。

智力是人们认识客观事物并运用知识解决实际问题的能力。也就是说,智力一般在解决问题的过程中、在实际"做"的过程中才表现并活跃起来。幼儿的智力和能力常常表现在解决活动时所遇到的问题中,并在解决问题的过程中得到发展。心理学研究表明,问题解决一般要经过几个阶段:发现问题

---

① 中国幼儿园出现"小学化"倾向 看其他国家如何早教. 中国广播网(北京). 2014 - 06 - 02. http://money.163.com/14/0602/13/9TO6NEHQ00254TI5.html.

② 左瑞勇,杨晓萍. 在文化哲学视域下重新审视幼儿园课程内容的选择[J]. 学前教育研究,2010(09).

（即意识到困难或问题）—提出问题（通过分析明确问题）—寻找线索（搜集有关的事实）—形成假设（提出各种可能的解释或解决问题的办法）—用适当的方法或手段验证—得出结论，即解决了问题。对幼儿来说，验证假设要靠一个假设被"证伪"，即被否认，那么还需要提出新的假设，再次检验……多次反复，直至得出结论。因此，幼儿园课程应包括那些能够构成幼儿的"问题"的内容，让他们的智力和能力在解决问题的过程中得到提高。在下面的活动中，可以看到一个幼儿的问题解决过程：

在科学区，一个中班幼儿把橡皮泥团成球放进水里，沉下去了。他把橡皮泥压成薄薄的饼状，又沉下去了。他把橡皮泥搓成细长条，还是又沉下去了。他停下来，开始思考……这次他把橡皮泥扯成一粒一粒的，结果还是沉下去了。他茫然环顾四周。老师注意到了这一切，以同伴的身份与幼儿一起试。老师用的不是橡皮泥，而是一张纸折成的盒子放在水里，盒子浮在水面上。幼儿摆弄了一会儿水里的纸盒子，突然说："我有办法了，我有办法了。"他把橡皮泥做成碗状，结果，橡皮泥浮起来了，他高兴得跳了起来。从而，悟出了"中空"能浮起的道理。

在上述案例中，幼儿在探索怎样让橡皮泥在水中浮起来的问题。开始他解决的方法是做成"球"、"饼"、"细长条"、"颗粒"状，一一检验的结果是——都沉下去了。教师采用支架教学方式，提供了解决思路，让幼儿在游戏中"悟"出解决的新办法，把橡皮泥做成碗状——继续验证新方法，结果是获得成功。这种成功的体验会促进该幼儿进一步探索。

在幼儿的生活、游戏、交往和与环境的相互作用中常常会出现包含着"问题"的学习内容。比如：幼儿常常为争抢一个玩具而争吵或动手，有哪些可以自行解决的办法？如何防止阅读区的图书损坏现象发生，等等。教师可利用生活中幼儿经常遇到的或感兴趣且有价值的问题作为课程内容，既有利于激发学习的积极性，也有利于发展他们的智力和能力。

教师还可以有意"制造"一些问题，或将必要的学习内容转化为幼儿可以研究的问题，吸引幼儿的兴趣，促进幼儿智力的发展。比如在故事教学或绘本教学中，当情节发展到困境或转折点时，教师一般都会停下来，激发幼儿设身处地为故事中的当事人出谋划策，进一步验证演示，故事的发展就会出现多个版本。这样不仅增强了幼儿对作品的体验，也促进了幼儿智力的发展。遗憾的是,教师们往往只是让幼儿说说而已,教师会说一句"刚才小朋友都帮想出了很多好办法,那我们看看×××是怎么做的呢?"最终还是回到故事或绘本中的标准答案中去了。缺乏"做"的体验,智力的活跃程度就会打折。

3. 有助于培养幼儿基本情感态度的课程内容

情感是人对客观事物是否满足自己的需要而产生的态度体验,是态度的一个重要组成部分,而态度是指对人、对事、对己的一种反应的倾向,它们构成了人的行为的内在动力。幼儿期基本的情感态度有:学习兴趣、自尊、自信心、责任感、团体归属感、关心、友好、尊重、同情等。

心理学研究表明,态度的形成一般通过四种主要方式[①]:一是通过环境的同化作用。幼儿生活周围的人和事会潜移默化地影响儿童。二是经验引起的情绪效应。体验到满意的、成功的经验会让幼儿对产生该经验的内容形成偏爱的态度,反之,则会形成厌恶或拒绝的态度。三是创伤性经验。即产生过深刻情绪影响的经验。比如,因为一次被老师体罚或受到某种伤害性语言的辱骂,一些学生可能从此对某学科学习产生拒绝态度。这种方式在幼儿园或学校都不可控制,因此不允许使用。四是通过直接的理智分析。当我们对某人或某一事物深入了解之后,会根据从这种智力分析中所获得的知识,对其形成偏爱或厌恶的态度。比如有些幼儿在听了教师或家长讲吃蔬菜对身体的种种作用后,会改变态度,从拒绝吃、到吃一点、再到爱吃蔬菜。当然,用这种方式获得态度比较难,也不常见。

可见,幼儿基本情感态度的形成方式主要是通过潜移默化和体验。许多一线的教师也深感在活动实施中,情感态度方面的目标难以操作。在这里可以提出一些建议:

尽可能创造教育影响一致的环境,在培养幼儿积极的社会性情感方面达成一致的影响力。比如分享行为,在幼儿园和在家庭里都能得到赞许,让幼儿获得满足、快乐的情感体验,幼儿就会乐意分享。

提供各种活动机会:让幼儿探索需要培养兴趣的领域,并从这些探索中获得满意的结果;让幼儿自由活动,满足他们不同的好奇心;寓知识教育于游戏或区域活动中,让幼儿自主学习,获得成功感,等等。

也可以直接利用理智过程帮助幼儿形成基本的情感态度。可提供相关的知识,先加深理解,最好能让幼儿有直接感知的机会,帮助其获得相关的直接

---

① 参见[美]拉尔夫·泰勒著. 罗康,张阅译. 课程与教学的基本原理[M].北京:中国轻工业出版社,2014:78-82.

经验,然后再培养理想的态度。比如,介绍幼儿身边熟悉的职业角色,了解他们的工作特点及给人们带来的便利,可以让幼儿现场观摩该职业人员的工作情景,培养幼儿尊重、感恩的态度;也可以利用文学作品中的情境,分析、理解作品中人物和事件,通过表演体验作品中的人和事,培养幼儿的态度倾向,等等。

总之,有助于培养幼儿基本情感态度的课程内容应该有趣、有"悬念",能使幼儿获得认识上的满足感;与幼儿愉快的情绪体验有关联;能够引起幼儿的探索等。

4. 有助于发展幼儿基本行为方式的课程内容

学前儿童的发展,不仅是一个生理的自然发展过程,也是一个逐步社会化的过程。学前儿童在社会化的过程中掌握社会规范,并习得与之相适应的行为方式。人类的行为方式都是在活动中表现出来的。幼儿的基本活动从大类上看,有生活、交往、学习活动等,具体又可分为自我服务、身体锻炼、游戏、观察、探索、交流、表达等。各种活动都包含着一些基本的方式方法、技能技巧。因此,掌握基本的活动方式、方法,将有利于幼儿的日常生活顺利地进行;教师要具备这样的意识,随时抓住教育的时机,指导幼儿学习。

游戏是幼儿园的基本活动,对幼儿的作用指向身体、认知、情感和社会性多个方面。通过游戏,幼儿习得相应的活动方式、方法。读下面的这个例子,可以看到幼儿在游戏活动中了解和掌握基本的活动方式和方法的情况。由此,我们也会得到这样的启发:我们可以在幼儿的一日活动中寻找有益于幼儿发展的基本的活动方式、方法。

案例:小雪希望加入"过家家"的游戏。她提出了"让我和你们一起玩"的请求,但被以"人够了"的理由拒绝了。之后,她又几次提出这样的请求,甚至说:"求求你们了,让我参加吧,让我干什么都可以!"但仍然无效。这时,一个男孩走过来,用手做敲门状,嘴里同时发出"咚咚"声。"谁呀?""我是煤气公司的!公司让我来检查一下你们的煤气灶有没有问题!""啊!师傅,快请进来吧!"……男孩顺利地参加到游戏小组中去了。教师把这一切看在眼里。她让小雪讲一讲男孩采用的办法,启发她也想一种别人难以拒绝的方式。后来,小雪以送生日礼物的"朋友"的身份加入了游戏。受到这件事的启发,教师还专门组织了一些在交往技能方面需要帮助的小朋友,请男孩、小雪和他们一起讨论怎样参加到别人的活动中。①

二、幼儿园课程内容的类型

目前,幼儿园课程内容从不同角度、根据不同标准大致有以下几种类型:

1. 按学科结构分类

我国1981年10月颁布的《中华人民共和国教育部幼儿园教育纲要(试行草案)》采取按学科结构分类的方法,将课程内容分为体育、语言、常识、计算、音乐、美术六科,指出幼儿园的上课以游戏为主要形式。根据幼儿年龄特点,小、中班应尽量采用直观的、游戏的形式,以增进幼儿对学习的兴趣,大班则随着心理发展水平的提高,上课中游戏的因素逐渐减少,以便为入小学学习做好准备。上课时间要随着幼儿的年龄而递增。小班每周上课六至八节,每节10～15分钟;中班每周上课十至十一节,每节20～25分钟;大班每周上课十二节,每节25～30分钟,大班末期可适当延长5分钟。此外,幼儿园不考试,不留家庭作业。每周各班上课的节数,各地可结合当地情况作适当的调整,但总的节数不宜超过,以保证幼儿有充足的户外活动和游戏时间。每周各班各科的节数安排如下(见表3-1):

表3-1 各班各科上课的节数安排

班级/节数 科目	小班		中班		大班		合计
	上	下	上	下	上	下	
体育		1	1	1	1	1	5
语言	1	1	2	2	2	2	10
常识	1	1	2	2	2	2	10
计算		1	1	2	2	2	8
音乐	2	2	2	2	2	2	12
美术	2	2	2	2	3	3	14
共计	6	8	10	11	12	12	59

(资料摘自虞永平著:学前课程价值论,江苏教育出版社2002年版,第151页)

---

① 参见冯晓霞.幼儿园课程[M].北京:北京师范大学出版社,2001:52-53.

2. 按活动对象的性质划分

按活动对象的性质，人民教育出版社出版的《幼儿园教育活动》（1994年）把课程内容分为健康、自然、社会、语言和艺术五个领域。

3. 按学科逻辑与心理顺序相结合的方式划分

1990年，南京师范大学出版社出版的《幼儿园课程实施指导丛书》，把学科逻辑顺序和幼儿心理顺序结合起来，将课程分为健康、科学、社会、语言、艺术五个领域。

2001年，教育部颁布的《幼儿园教育指导纲要（试行）》中将课程内容相对划分为健康、语言、社会、科学、艺术等五个领域，强调"各领域间的内容要相互渗透，从不同的角度促进幼儿情感、态度、能力、知识、技能等方面的发展"。

2012年9月，教育部颁发的《3～6岁儿童学习与发展指南》，进一步从健康、语言、社会、科学、艺术五大领域，按照幼儿学习与发展最基本、最重要的内容划分为若干方面，每个方面由学习与发展目标和教育建议两部分组成，分别对3～4岁、4～5岁、5～6岁三个年龄段末期幼儿应该知道什么、能做什么，大致可以达到什么发展水平提出了合理期望，指明了幼儿学习和发展的具体方向。这将是今后一段时期我国幼儿园课程内容的指南。

4. 按幼儿直接接触的经验领域划分

1999年，《上海市学前教育纲要》将课程内容分为共同生活、探索世界、表现与表达三个方面。在2002年颁布的《上海市学前教育课程指南》中，进一步明确了课程内容主要从活动的经验指向角度进行表述。以生活活动、运动、学习活动等的基本经验为核心要求，并辅之相关的内容示例。

5. 根据幼儿心理的研究成果划分①

根据皮亚杰的认知发展理论进行划分的著名的凯米—德芙里斯课程，其内容包括数理逻辑经验、社会经验、物理经验。将包含这三类经验的日常生活（如饭前摆碗碟、配刀叉）、传统活动（捉迷藏、猜谜语、各种比赛、合作游戏、美工等）和来自皮亚杰理论启示的活动作为课程内容。而蒙台梭利教育方案的内容则是依据儿童敏感期的发展，由浅入深，由具体到抽象，分为日常生活练习、感觉教育、数学教育、语言教育、文化教育五个方面。

6. 按教育、教学理论的研究成果划分

"学前知识系统化教学"除了依据维果斯基的社会建构理论之外，更是依

---

① 参见王春燕主编.幼儿园课程概论[M].北京:高等教育出版社,2007:72.

据大量教育、教学方面的研究成果。在1984年颁布的《幼儿园教育教学示范大纲》中,幼儿园的教育教学工作分三个部分:儿童生活的组织与教育、作业教学、节日和娱乐,各部分又有明晰的、具体的内容。

7. 按主题划分

这类课程较多,如2006年8月教育科学出版社出版的《幼儿园主题式课程》,以主题作为教育活动组合的载体,体现各学习领域内容的相互渗透与融合。

上述分类介绍,并没有囊括所有的课程内容类型,事实上,也不可能包含全部,因为课程内容如何分类,一般从侧面反映了课程所强调和突出的价值。了解分类情况的不同,可以整体地、全面地把握课程内容范围,为我们选择和组织课程内容提供坚实的基础。如何分类并不是最重要的,最重要的是各种课程框架下的内容是否能保证幼儿的基本学习,是否能为其合目的的发展提供有益的学习经验。

第三节 幼儿园课程内容的选择原则

教育部2001年颁布的《幼儿园教育指导纲要(试行)》明确了幼儿园五大领域的课程要求。2012年颁布的《3~6岁儿童学习与发展指南》以促进幼儿体、智、德、美各方面的协调发展为核心,提出3~6岁各年龄段儿童学习与发展目标和相应的教育建议,但是如何达成这些目标和要求,没有一个像中小学教育一样的相对统一的"教材"。因此,幼儿园课程内容有很大的自主选择性,幼教机构、幼儿园教师都可以依据本地、本班孩子的特点,有针对性地确定适宜的课程内容。然而,课程编制应该是一项很专业的工作,除了必须明确课程内容概念、选择范围外,还必须对课程内容的选择确立原则,以便选择合乎课程目标的课程内容,确保课程目标的实现。

一、幼儿园课程内容选择中存在的问题

1. 课程内容超载

课程内容超载是幼儿园课程内容选择中的最突出问题,说明课程内容在

量与质上与幼儿发展特点、水平不相适宜的问题。这种超载主要表现在以下两方面:一是容量过大。表现在幼儿园里开设了名目繁多的特色班或兴趣班,有形形色色的园本课程等。有研究表明,仅某市一个区的七所幼儿园开发出的园本课程就有综合教育课程方案、单元教育课程方案、生态式教育课程方案、健康成长课程方案、生态式美育课程方案、快乐成长课程等[①]。幼儿园在有限的时间内已经不可能保证质量地完成,结果要么"走过场",无法使幼儿产生真正的学习;要么"加班加点",剥夺了他们应有的自由游戏和自主活动的时间。量大质不优,是课程内容超载的突出问题。二是难度过高,超出幼儿所能接受和理解的程度。结果是机械记忆,生吞活剥。这两种情况不仅不能有效地帮助幼儿获得有益的学习经验,反而造成了沉重的学习负担,破坏了幼儿的学习兴趣,损害了他们的自信心。

2. 课程内容与课程目标脱节

课程内容与课程目标脱节表现在:一是课程内容选择偏重智育,体智德美失衡;二是课程内容选择偏重认知与技能,缺失情感态度的内容。课程内容本是课程目标的载体,课程目标没有相应的内容来承载,必然导致课程目标的部分流失。不可否认,情感、态度类的目标难以在课程内容中表现出来,因为情感、态度的获得,需要实实在在的活动支持,让幼儿在活动中感受到、体会到,而这需要教师精心策划、安排,提供适宜的环境,与孩子进行有针对性的互动。

3. 课程内容脱离、远离幼儿的生活

课程内容远离生活甚至脱离生活,是一个经常出现的老问题。表现为幼儿学习的内容离他们的生活经验很远,也不是他们的兴趣和需要所在,于是他们学习时常常是有口无心,或半生不熟地"异化"知识。比如,他们会很认真地告诉你"一粒米肚脐眼"(一粒米不起眼),"看到人来车往,吓得我直啰嗦(哆嗦)",等等。而且,课程内容出现西方崇拜、城市化价值取向严重,脱离课程的文化背景和地域特点,造成课程资源浪费和课程实施低效或无效。

事实上,幼儿园课程内容选择的问题绝不仅限于此。之所以出现如此多的问题,是因为虽然从理论上明确了幼儿园课程内容的内涵及幼儿园课程范围,但是在实际上会发现内容仍然很繁多,带来操作上的顾此失彼。那么,如何从这些范围中选择具体的课程内容,建造适宜的幼儿学习载体呢?必须确定一些选择原则。

---

① 袁爱玲,冯丽娜. 幼儿园课程内容膨胀现象剖析[J]. 幼儿教育(教育科学版),2007(07).

二、幼儿园课程内容选择的原则

《幼儿园教育指导纲要(试行)》(2001)中明确指出,教育活动内容的选择应体现以下原则:"第一,既适合幼儿的现有水平,又有一定的挑战性。第二,既符合幼儿的现实需要,又有利于其长远发展。第三,既贴近幼儿的生活来选择幼儿感兴趣的事物和问题,又有助于拓展幼儿的经验和视野。"因此,依据立足幼儿的经验、引导幼儿的发展的基本精神,在选择幼儿园课程内容时必须遵循如下具体原则:

(一) 目的性原则[①]

目的性原则指的是选择的课程内容必须符合并有助于实现课程目标。课程目标为课程内容的选择提供了一个基本的范围和标准,课程内容是实现课程目标的手段,必须紧紧围绕目标来选择课程内容,否则将会偏离方向,造成课程的无效。贯彻这一原则,在选择课程内容时要做到:

(1) 有目标意识。选择幼儿园课程内容时首先要考虑:"选择这个内容是为了实现哪一个或哪几个目标?"这就要求对拟选内容可能包含的教育价值进行基本分析,理解所选内容能提供怎样的学习经验有助于完成课程目标。

(2) 正确理解目标与内容的关系。课程内容与目标并非一一对应的关系。这里会有三种情况:第一种情况是一个目标往往需要多项内容方能达到。围绕某一目标来选择内容时需要考虑"还有哪些内容可以促进这一目标的实现"。例如,为了实现"愿意用图画和符号表现事物或故事"的课程目标,就需要通过多种多样的内容逐渐达成。如在语言活动中鼓励幼儿续编故事,并画下来制作连环画;在科学活动中用符号记录植物的生长变化;在社会活动中用标志制定规则,等等。第二种情况是一项内容也可能指向多项目标。在选择某一内容时还需要考虑"这一内容还可以达到哪些目标"。例如:"秋天的树"这一写生画活动不仅可以发展幼儿的绘画表现能力,还有益于幼儿的观察、图形抽象与组合能力的发展,同时还让幼儿体验到秋天的美。第三种情况是一些目标没有直接与之相对应的内容。像情感、态度方面的目标,如"经常保持愉快的情绪"、"自信心"、"探究精神"等,这些目标的实现很难由特定的内容来保证,无法通过"教或学什么"让儿童获得这种经验,必须渗透在各领域活动中,通过创设情境、控制内容的难易程度、指导学习的方法等帮助幼儿逐步获

---

① 冯晓霞.幼儿园课程[M].北京:北京师范大学出版社,2001:57,63.

得。对目标与内容之间关系的正确理解,会使课程内容的学习变得扎实、有效、自然。

(3) 考虑目标达成要兼顾"全面"与"优先"。把握幼儿园课程目标的要求,一方面要考虑体、智、德、美诸方面的内容,要全面、整体地考虑每一方面在基本知识、基本态度、基本行为上的内容;另一方面,在全面的前提下,要有优先。所谓"优先",指课程设计者对某些内容和活动(包括媒体)作价值比较,决定是否纳入课程及其比重和先后次序。其核心是课程内容安排可遵循缺失优先原则,优先为幼儿提供那些理想发展所需的、现实中又特别缺乏的学习经验。

(二) 基础性原则

基础性原则是指选择的课程内容应该涉及人生发展最基本的问题,为幼儿一生的发展奠定基础。基础性是学前教育最基本的特征。《幼儿园教育指导纲要(试行)》指出:"幼儿园教育是基础教育的重要组成部分,是我国学校教育和终身教育的奠基阶段。城乡各类幼儿园教育应从实际出发,因地制宜地实施素质教育,为幼儿一生的发展打好基础。"

贯彻基础性原则,应体现在基本性、全面性和迁移性等三方面。所谓基本性,就是要与幼儿的现实联系,并为形成未来学习所要具备的基本素质打基础。要考虑它是否与儿童现在的生活、学习有直接关系;是否必须现在学,以后再学就失去最佳时机;是否是文化或人类知识中的最基本成分,而且是今后学习所必需的基础。所谓全面性就是应该立足于幼儿基础素质的全面发展,并为其一生的可持续发展奠定坚实的基础。所谓迁移性,就是要求我们所选择的基础性的知识具有一定的概括性、派生性,易于在新的情境中解决问题,具有最大的应用性。

比如,在幼儿教育上可以思考这样的问题:培养兴趣和掌握技能谁更重要?行为习惯的养成和识字、计算哪一个更重要?因此,在各领域课程内容的选择上,都应该重视基础性。事实表明,越是基础的内容,越具有长远的发展价值,因此基础性也就意味着发展性。

(三) 适宜性原则

幼儿园课程内容的适宜性,一是指与儿童年龄特点相适宜;二是指与每个幼儿相适宜;三是与社会文化相适宜。贯彻适宜性原则要求做到:

(1) 课程内容要符合幼儿的"最近发展区"。即课程内容难度水平应处在儿童自己独立完成的智力活动任务和在成人或有能力的伙伴帮助下所能完成的任务之间。教师要充分学习和把握学前儿童心理发展的年龄特征，选择适宜的课程内容，在最近发展区这个教育的"用武之地"促进幼儿发展。

（2）课程内容的选择要适合幼儿的个别差异。同一年龄阶段的儿童既有共同的最近发展区，也有各自不同的最近发展区。因此，课程内容的选择应建立在对儿童充分观察和了解的基础上，通过提供不同的活动机会，满足每个儿童的不同发展需求。

（3）课程内容的选择要兼顾社会文化的适宜性。针对目前在多元文化语境下出现的西方崇拜与城市中心取向，幼儿园课程内容的选择，一方面，要体现本地区、本民族的特征，弘扬地方文化和民族文化，挖掘本地区的自然、文化、社会等方面的教育资源，整合其教育素材，以加深幼儿对自己生活区域的认识、了解和感情。另一方面，要尊重和接纳多元文化，正确处理好传统文化和外国文化的关系。现代教育理论认为，一定的文化资源的存在是构成课程的必需条件，文化是人得以成长的核心因素。中国五千年的文化，蕴藏着许多丰富、鲜活、得天独厚的课程资源，对儿童具有重要、独特和全方位的教育价值，充分挖掘中华文化中丰富而深刻的内涵，以此教育、影响儿童，让他们从小扎下中华民族的根，铸起中华民族的魂。对国外的课程方案要进行本土化研究，切忌生搬硬套。目前有一些幼儿园名曰与国际接轨，不熟悉、不了解洋节的文化背景，重视"万圣节"、"圣诞节"，而轻视"中秋节"和"春节"等民俗节日，太过关注外来文化，忽视了传统文化的传承，这对幼儿的发展是有影响的，应该引起幼儿教育工作者的高度重视。

资料链接：农村幼儿园可以经常组织幼儿到山上、田野、海边去采集各种自然物，如五颜六色的野花，海塘边的芦苇；海边的贝壳，山上形状各异的树叶、野草；农忙后田里的稻穗、麦穗；玉米丰收后的玉米秆等。利用这些天然的农作物，幼儿可以展开丰富的想象，创造出各式各样的作品，用来美化教室环境。这些活动其实不仅能美化教室环境，更能开发幼儿的智力，并进一步激发幼儿的创新灵感和学习的积极性。不过，如果材料一直处于一种原始状态，它的可变性、可玩性、可塑性常常有一定的局限。为此，教师应对这些具有浓郁乡土气息的材料进行精心设计，使它们成为幼儿青睐的游戏玩具，例如把稻草变成稻草人、草辫龙，把竹棒变成一个个细竹圈来套，让孩子们玩竹块拼龙、竹筒挑水等游戏。再如，为了在一条小路上铺上漂亮的鹅卵石，幼儿园可以组织教师们利用休息时间，去小溪里捡拾漂亮的

幼儿园课程

天然的小石头。此外,还可以发动家长,收集石磨、石凳、石臼,而后涂上漂亮的图案,安置在幼儿园空旷的操场上,便可以成为幼儿喜欢的小乐园,能够为幼儿的游戏提供更广阔的想象与创造的空间。

(资料来源　乐亚琴:农村幼儿园乡土课程的建设与探索,学前教育研究2013年第1期)

案例:年味渐浓,本该最盼着过春节的孩子们,现在是否兴奋异常?结果发现大部分小朋友都不认为春节好玩儿。三岁半的牛牛说:"圣诞节多好哇,有漂亮的圣诞树,还有很多礼物。"

如何让孩子了解我们的年俗,感受年的气氛?

春节期间,父母应该对孩子进行适当的引导,教孩子多接触传统文化。比如,带着孩子包饺子,边包边告诉他:"吃到大葱馅儿的饺子,宝宝更聪明;吃到糖馅儿的饺子,意味着甜甜蜜蜜……这都是家长们对宝宝的美好祝福。"

家长还可以带孩子去逛庙会、看冰灯。让宝宝看看白天的冰灯什么样,再看看夜晚的冰灯什么样,还可以锻炼宝宝对周围的人和事物进行观察与对比。家长甚至可以教孩子自制冰灯:找一个模具,比如小碗、彩泥模具等,倒满水,再往里面放上砂糖橘的小叶子、彩纸或者任何色彩艳丽的小东西,再放一根长绳,放到阳台上冻一晚,第二天就是一个特殊的小冰灯,小宝宝通常都会非常开心。

教说拜年话,家长教孩子给长辈拜年时,应该说哪些不同的拜年话,做哪些拜年的动作,和宝宝进行反复的模拟演示,到时候再把小孩子拜年的场景拍摄下来;欢欢喜喜过大年,家长应该把小孩子过年时的精彩瞬间拍摄下来,比如,帮忙摆年夜饭时的模样,帮忙包饺子时的"风采"等;和孩子一起描绘出最喜欢的春节场景……

(资料来源　封莙:春节,孩子们为啥不兴奋?沈阳日报数字版2012年1月19日)

(四) 生活化原则

生活化原则是指选择课程内容应立足于幼儿的生活,创造条件让幼儿能够通过直接感知、操作和体验,将学习内容转化为自己的直接经验。我国教育家陶行知先生的"生活教育"主张生活即教育,强调教育要与实际相结合。陈鹤琴先生的"活教育"理论也主张幼儿直接向大自然、大社会学习。其原因就是,幼儿生活在其中的大自然、大社会具有直观形象性、生动性和情境性,幼儿能参与其中进行探索,获得学习经验。贯彻这一原则要做到:

(1) 选择贴近幼儿的生活、他们经常接触的事物或现象。如,运动的物体、动物、植物、四季变化等自然现象,等等,这类内容一方面可利用幼儿的已有经验,增强学习过程中的主动性;另一方面,也可以培养幼儿对周围事物和现象的好奇心,能从每天司空见惯的事物或现象中的发现"问题"及新异性,可以逐步培养幼儿具有一双善于"发现"的眼睛。

(2) 课程内容应源于生活,且高于生活。生活化的课程内容不能等同于生活,应经过优化和整理,为幼儿提供有准备的环境,即蕴含教育价值的教育环境,在幼儿亲身感受、自由探索后,帮助幼儿整理、提升经验。例如,提供有刻度标记的量杯、水盆等,让幼儿在玩水的过程中感受质量的守恒,等等。

(3) 拓展对"贴近生活"的理解。如今,随着互联网、电视及电子产品的普及,地球已变成地球村,幼儿的生活时空也已不再是传统意义的概念,很多看起来远离幼儿的事物已经成为他们经验的一部分。比如提起早已绝迹的恐龙,幼儿都兴趣盎然,对恐龙的种类、习性如数家珍。如果教师由此组织系列活动同样可以看作从幼儿的生活中发掘出来的课程内容。

(五) 逻辑性原则

所谓逻辑是指客观的规律性、内在的联系。逻辑性原则是指选择课程内容要考虑知识之间的相互联系和规律。幼儿园五大领域的课程内容中,数学领域的逻辑性最强,它本身有客观的规律性,内在的联系是紧密的,以至于在幼儿园的课程中,数学学科往往单列。至于健康、艺术、语言,同样存在内在的逻辑性。贯彻逻辑性原则要做到:

(1) 明确领域所存在的内在规律性,形成"教学大纲"。在关注幼儿兴趣、需要的时候,我们同样需要依据"关键经验",提升"儿童大纲",并予以逐步的整理、提升。所以,逻辑性原则并非拘泥于学科自身的体系,也不是抛开"儿童大纲"而一味追随"教学大纲"。

案例: 在"沉与浮"的主题活动中,为了培养幼儿思维的流畅性,引导幼儿兴趣进一步扩展,使他们的经验得以升华,教师提供了大量的玩具、盆、水、桶等。教师提问:"什么东西沉下去了?什么东西浮起来了?"幼儿边操作边发现:木块、塑料雪花片、尺子、树叶会浮起来。木桶可以在盆里浮的。石头、磁铁、钉子、进了水的瓶子会沉下去……教师提问"怎样让沉下去的东西浮起来?让浮起来的东西沉

下去?"幼儿通过多次实验操作,发现:"把钉子放在木块上,可以浮起来。""让磁铁压住尺子、塑料玩具,他们就浮不起来了。"有趣的小实验给了孩子们自由探索、发现的空间。他们在实验中感受到了发现的快乐。

（资料来源　刘松.激发幼儿兴趣的有效策略[J].学前教育研究 2004(10)）

(2) 选择的内容要有利于幼儿认识事物的本质以及事物之间关系和联系。事物的本质和规律是科学研究的根本目的。尽管幼儿受其特点的限制,还不可能真正理解和把握那些高度抽象的规律。但我们也应看到,第一,认识是一个渐进的过程,对某些真理(如沉浮原理、物体的运动规律等)幼儿或许不能一下子理解到位,但可以逐渐接近它;第二,某些事物的本质属性和规律性联系是存在着一些可感知的外部特征的,可以引导幼儿通过研究发现这种关系。

案例:某中班幼儿在科学发现室探索一个简易的"指南针"装置:一枚可以自由转动的缝被针(已被磁化为指南针),教师在它的底座的四个方向分别贴上四个小动物图画。一个幼儿走到这个材料面前,便玩了起来,当他第一次轻轻转动这根针、发现针尖指向小猫时,对自己说:"我抓到小猫咪,我就装作小猫。"(这是他为自己设定的一个游戏规则)然后扮了一个鬼脸,模仿猫的动作。可是,当他一次次地重复转、看它还能指到哪里时,发现针尖总是指向小猫,便自言自语道,"怎么又是小猫!"有一次他试图让它指向别的小动物,就用手按住针尖想让它停在别的地方。可是当他放开手后,针尖仍然转向小猫。于是他开始尝试各种不同的方法,一会儿轻轻转,一会儿重重转,一会儿把针取下来,将针尖对着桌子刮,一会儿又翻开底座看看下面有什么东西,都没有找到答案。事后教师问他有什么发现,他说:"我发现它转不到别的东西,只能转到小猫,它喜欢小猫。"

上述案例中,教师在教育现场可以启发幼儿进一步思考和探究,比如将小猫与其他小动物的位置调换,引导幼儿观察,指针还会指向小猫吗？指针每次指向的都是同一个地方吗？为什么呢？最终找出问题的本质,是指针的原因。那么活动区的指针和别的针有什么不同,等等。类似的课程内容能够让幼儿"研究",这不仅让幼儿理解知识,同时有利于幼儿学习和掌握基本的研究方法。

(六) 兴趣性原则

兴趣性原则是指课程内容选择应关注幼儿的兴趣,或培养幼儿对课程内容的兴趣。兴趣是学习最好的老师,是幼儿学习和探索的动力因素。"一个人的兴趣能在很大程度上决定他会专注于什么,以及决定他常常会做什么。"① 贯彻兴趣性原则要求做到:

(1) 在幼儿感兴趣的事物中选择教育价值丰富的内容。《幼儿园教育指导纲要(试行)》中指出,教师要"善于发现幼儿感兴趣的事物、游戏和偶发事件中所隐含的教育价值","关注幼儿在活动中的表现和反应,敏感地察觉他们的需要,及时以适当的方式应答",并将它们纳入课程。

案例:活动片段:雨蓝带来几只蚕,引起了班上小朋友的关注,几天来他们经常围着观察蚕宝宝,并七嘴八舌地议论着:"蚕宝宝身上好像有好多脚。""蚕宝宝吃什么?它有牙齿吗?"……对于蚕的生长过程,孩子们脸上写满了惊奇和疑问,这种探究热情引起了班上教师的注意。教师也马上饶有兴趣地参与小朋友们的讨论,最后决定在班上成立一个"研究小组"对蚕宝宝进行专门探究。于是一个项目活动主题——"蚕的一生"便自然而然地产生了。

(资料来源 林萍:生成活动中教师有效指导策略例谈,学前教育研究 2006 年第 12 期)

(2) 善于将必要的课程内容"转化"为幼儿感兴趣的内容。有些课程内容从幼儿长远的发展来看是必要的,但却不是幼儿感兴趣的,那么,就需要教师尽量把它们转化为幼儿的兴趣。第一,可以创设游戏情境,将课程内容与幼儿感兴趣的事情或情境相联系。比如,幼儿发"chi"音不准确,如果教师只是简单地带领幼儿反复练,幼儿很快就没兴趣了。但如果教师设计一个语音游戏"小鸡吃虫",制订游戏规则:小鸡必须发出"吃吃吃"的音,方可抓虫吃。这样,幼儿在游戏中就会不知不觉训练了发"chi"的音。第二,让幼儿从旨在培养兴趣的课程内容中获得满足。这类课程内容要能提供机会让幼儿探索,并从中获得基本的满足感。基本的满足感可能来自于教师和同伴的认同;从进食、睡眠等生理需要的适应中获得的满足;从活动中体验成功后的满足等。幼儿在

---

① [美]拉尔夫·泰勒著. 罗康,张阅译. 课程与教学的基本原理[M]. 北京:中国轻工业出版社,2014:82.

探索或体验后获得这些基本满足,就很可能对这些活动产生兴趣。第三,利用故事、解决问题等方法,将枯燥的内容变得生动、直观,使幼儿感兴趣。

案例:数学中的二级分类一直是重点。"运用故事"将数学知识贯穿融汇在童话故事中,幼儿的学习和故事情节同步进行易于理解和接受,学习起来兴趣较高。如:大班内容"按形状和颜色分类",故事内容是:小熊电话订购了一袋雪花插片,小狗来送货。(小狗送的插片有黄色、红色;有圆形、三角形)结果小熊看了发怒道:"我不是说只要圆形的吗?怎么里面还有三角形的?"小狗说:"哦,对不起,可能是我们的包装工人弄错了。我帮你挑挑。"(小狗很快将插片分为圆形一堆、三角形一堆)可小熊还是生气地道:"你挑好我也不要了。这么折腾,插片弄得脏兮兮的,谁还愿意要?"小狗说:"求你了,别这样!回去我没法交代。"这时站在一边的小猴说话了:"小熊,别难为人。你不要,我要。不过,我只要红色的插片,形状无所谓。"小狗又把插片按颜色分开。在这个故事中巧妙地利用矛盾将"按颜色和形状分类"展现出来。幼儿被深深地吸引到故事中,在为小狗担心的过程中学习了按两个特征分类。

(资料来源　http://www.cnsece.com/article/8045.html)

第四节　幼儿园课程内容的组织

幼儿园课程组织是指创设良好的课程环境,使幼儿园课程活动兴趣化、有序化、结构化,以产生适宜的学习经验和优化的教育效果。[①] 经过组织后的幼儿园课程,以产生适应幼儿学习特点与规律的课程内容的呈现方式,保证高效地实现课程向幼儿的学习经验转化。

---

① 冯晓霞.幼儿园课程[M].北京:北京师范大学出版社,2001:72.

一、幼儿园课程内容组织的方法和标准

(一) 幼儿园课程内容组织的方法

1. 逻辑顺序法

逻辑顺序法,也称论理组织法。它指的是根据学科本身的系统及其内在的联系组织课程内容的一种方法。如"分科教育"中将课程内容分成语言、计算、科学、音乐、美术等科目,并按每门学科内在的逻辑顺序组织课程内容。

2. 心理顺序法

心理顺序法,也称心理组织法。它指的是根据儿童心理特点,以适应学习者需要的一种组织课程内容的方法。强调根据儿童发展特点以及儿童的兴趣、需要和能力组织课程,而较少考虑学科逻辑顺序。如幼儿园课程中"综合教育"、"主题教育"即打破领域界限,以儿童心理顺序的方式组织课程内容,使各领域课程内容之间保持整合性。

按逻辑顺序或心理顺序组织幼儿园课程内容各有其长处和弱点,对两者取长补短,以达到和谐的统一,是幼儿园课程内容组织的一种发展趋向。不管外部表现形态是"分科"的还是"综合"的,其内在的实质却应是逻辑顺序与心理顺序的和谐统一。

(二) 幼儿园课程内容组织的标准

拉尔夫·泰勒在《课程与教学的基本原理》中指出有效组织的课程内容,需要符合三大标准,即连续性、顺序性和整合性。

1. 连续性

连续性即指直线式重复主要的课程内容。比如,在健康领域中关于"动作发展"有一项重要的目标即"手的动作灵活协调",在不同年龄阶段上这项内容重复出现,确保幼儿能有机会重复地、不断地训练手的动作技能。

2. 顺序性

顺序性即要将每一后续经验都建立在先前经验的基础上,且必须更广泛、更深入地探究所涉及的事物。顺序性与连续性相联系,但又超越了连续性。顺序性强调后续学习不是简单地、在同一水平上重复前面学习的内容,而是在前面学习的基础上逐渐扩大范围和加深程度。比如:根据连续性与顺序性的要求,"手的动作灵活协调"这一目标在不同年龄阶段会重复出现,并逐年提升、拓展训练内容。见表3-2:

表3-2 (目标3)手的动作灵活协调

3~4岁	4~5岁	5~6岁
1. 能用笔涂涂画画。 2. 能熟练地用勺子吃饭。 3. 能用剪刀沿直线剪,边线基本吻合。	1. 能沿边线较直地画出简单图形,或能边线基本对齐地折纸。 2. 会用筷子吃饭。 3. 能沿轮廓线剪出由直线构成的简单图形,边线吻合。	1. 能根据需要画出图形,线条基本平滑。 2. 能熟练使用筷子。 3. 能沿轮廓线剪出由曲线构成的简单图形,边线吻合且平滑。 4. 能使用简单的劳动工具或用具。

(资料来源 《3~6岁儿童学习与发展指南》)

3. 整合性

整合性即指课程内容的横向联系,把不同领域的知识和经验进行整合。整合后的课程内容要注意课程内容之间的有机联系,应该融会贯通,在有限的时间内,提高幼儿的学习效率。依据整合性要求,在组织幼儿园课程内容时,一是要将那些富含教育价值的课程内容,用作多领域教学资源。这样的课程内容减少了幼儿"量"的学习,保障了课程学习的深度和广度,即提高了学习的"质"。二是要整合那些可以适用于多个领域的技能,提高幼儿技能和能力的迁移水平,以便运用于日常生活的各种不同的情境中。

二、幼儿园课程内容的组织形式

根据不同的课程内容组织方法,会产生不同的课程类型。一般来说,根据知识分类的强弱和考虑问题的逻辑,可以把课程内容组织成分科课程、广域课程、综合课程、核心课程、活动课程等几种类型。当然,在这些课程组织形式之间,还会有一些过渡的形式(见图3-1)[①]。

---

① 参见冯晓霞.幼儿园课程[M].北京:北京师范大学出版社,2001:74.

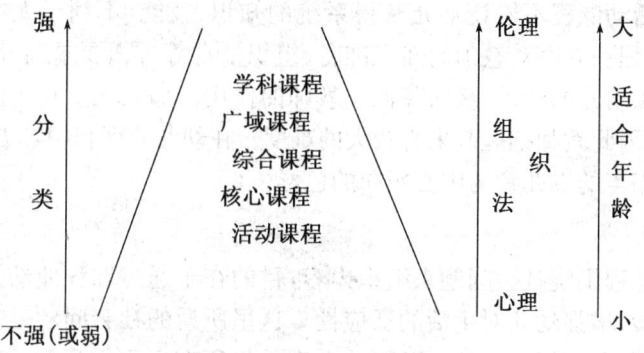

在幼儿园课程中,常见的是以下三种课程类型:

1. 学科课程

这是通过逻辑顺序法组织的课程。学科中心课程强调按知识本身的逻辑性和系统性组织课程内容;认为学科是传递知识和技能的最为有效的方式,也是最为经济的方式。幼儿园课程中的五大领域不是严格的学术意义上的分科,而是把性质基本相同的学习内容分成若干领域,使该领域的相关知识达到统一整合,可以说是广域课程。这种形式加强了相关知识的联系,但各领域之间还有可能是相互割裂的,所以本质上还是属于学科课程。

学科课程很容易形成一种教师中心、学科中心、教学中心的课程模式。学科课程造成的学科分离,不利于幼儿真实地认识世界;只关心学科内在逻辑的严密性,脱离幼儿的实际生活,不利于幼儿在生活中学习、在操作中掌握;将集体的上课活动作为唯一的教育活动,仅重视知识技能的灌输,却忽视了幼儿动手操作和其他能力的培养,忽视了幼儿通过游戏、操作、实验等方式学习知识、形成情感态度、养成个性等;也对幼儿之间的个别差异视而不见,不利于因人施教。[1]

2. 活动课程

这是通过心理顺序法组织的课程。活动课程强调根据幼儿兴趣、需要和发展水平,以幼儿从事某项活动的动机为中心编排课程内容。这类课程中,打破学科界限,围绕幼儿生活经验将各科知识中相关的部分综合起来,引导幼儿获得关于某一经验的相关学科的知识。活动课程为幼儿提供了更多的自主活动的机会,有利于幼儿思维能力和动手操作能力的提高,也有利于幼儿个性的

---

[1] 许卓娅主编.幼儿园课程理论与实践[M].南京:南京师范大学出版社,2002:44.

发展。但活动课程不能让幼儿获得系统的知识、技能,不利于人类文化的传递;活动课程一方面对教师的知识准备、组织活动等方面要求高,同时又不允许教师干预幼儿的活动,从而降低了教师的作用。加之儿童真正的兴趣难以预先确定,因此教师把握起来有较大的难度。在幼儿园课程中,"方案教学"等课程带有相当的以儿童为中心倾向的色彩。

3. 核心课程[①]

这类课程围绕社会问题来组织内容,目的在于通过课程使幼儿获得完整的生活经验,增强幼儿对生活的适应性。这里所谓的社会问题是指幼儿生活中的各种问题,包括认知的、情感的、态度的等所有方面的问题。对于这些问题,一般由教师预先选定、计划好,事先设定好目标,但所选问题应该是幼儿感兴趣的,并且能够促进幼儿主动参与。

核心课程打破了学科界限,使学生在运用已有知识解决问题的过程中主动学习,扩展新经验,并获得身心的和谐发展。从这个意义上来讲,这类课程也是运用心理组织法而获得的一种课程类型。因此,如何在系统完整知识的获得与幼儿实际生活经验之间达到平衡,也是此类课程必须加以特别重视的。

一般来说,学科课程偏重知识体系,活动课程侧重心理发展的需要,核心课程则以问题为中心贯穿幼儿的经验。目前我国幼儿园课程类型基本呈现混合型状态,视不同的学习要求,以某一课程类型为主,辅之以其他类型,保证幼儿获得基本知识、基本态度、基本技能和基本行为等多方面平衡的课程内容,从而促进他们的身心发展。

【拓展阅读】

- 幼儿园课程中的资源开发
- 幼儿园课程的内容选择

---

① 参见王春燕主编.幼儿园课程概论[M].北京:高等教育出版社,2007:92.

第四章 幼儿园课程实施

课程实施是回答"怎么做"的问题。在课程发展史上,有的课程历久弥坚,仍然焕发出时代的特征;也有的课程,甚至曾经是影响深远的课程却是昙花一现或有始无终。其中最重要的原因就看是否付诸实施及实施后与理想课程计划的相符程度。在 20 世纪 60 年代以后,课程实施越来越成为课程研究领域关注的焦点问题。

第一节 幼儿园课程实施的含义与取向

一、幼儿园课程实施的含义

幼儿园课程实施是指把静态的课程计划付诸实践,转化为动态的课程实践过程,它是达到预期的课程目标的基本途径。课程实施的本质是一个课程的"再设计"过程,是教师富有创造的劳动。

就一般而言,被实施的课程计划往往是新的,是课程计划设计者的教育理念的具体化,幼儿园课程实施就是力图由计划或理论的层面引入到实践的层面。这就要求课程实施者做出一系列调整,包括对个人习惯、行为方式、课程重点、学习空间、课程安排等进行一系列的重新组织。因此,幼儿园课程计划与幼儿园课程实施是理想与现实、预期结果与实现结果的过程之间的关系。

对幼儿园课程实施的研究,关注的是幼儿园课程计划在实际教育过程中所发生的情况,以及幼儿园课程实施的各种影响因素。幼儿园课程实施的研究,有助于课程编制者了解、分析和评定课程计划与教育实际之间的切合度,及其导致切合度高低的原因,理解课程计划的不足或成功的原因,从而及时调

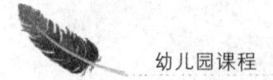

整课程计划,完善课程计划及实施过程。

二、幼儿园课程实施的取向

幼儿园课程实施的取向是指对课程实施过程本质的不同认识,以及支配这些认识的相应的课程价值观。课程实施的取向集中表现在对课程计划与课程实施过程之间关系的不同认识上。一般来说,课程实施有三个基本取向:忠实取向、相互适应取向与课程创生取向。①

(一) 忠实取向

课程实施的忠实取向(fidelity orientation),指的是把课程实施过程看成是忠实地执行课程计划的过程。衡量课程实施成功与否的基本标准是课程实施过程对预定的课程计划的实现程度。这种取向譬如建筑施工:施工的质量取决于实际施工与设计图纸之间的吻合程度,即根据达到设计图纸的要求程度来考核的。

在课程实施是忠实取向者看来,课程是一套程序,尽管可以稍作变动,但是在大体上却要遵循既定的课程目标,并以此作为评价依据。课程内容是由课程专家为教师实施课程而选择、组织和提供的,是教育行政部门认可的,教师应服从课程决策者和计划制定者的权威性。教师这一角色的实质是课程专家所制定的课程变革计划的忠实执行者,应当按照专家对课程的"使用说明",循规蹈矩地实施教学。作为课程的传递者,教师对课程的成功起着关键的作用。为了能使教师忠实地传递课程,持忠实取向的课程学者认为:在课程实施前,应对教师进行适当的培训;在课程实施过程中,应对教师的行为进行有效的支持与监督。

(二) 相互适应取向

课程实施的相互适应取向,指的是把课程实施过程看成是课程计划与实施者之间通过协商而相互适应的过程。这种取向譬如球赛方案与球员:尽管赛前由教练与球员一起制定了球赛方案,但在比赛中主要还是要由球员来处理细节,即球员要根据场上的具体情况随时做出明智的反应。

在课程实施是相互适应取向者看来,课程不仅是一套程序,而且还包括教育实际情景中的各种因素,这些因素会影响甚至改变课程实施。即课程实施过程中,教师不是按照课程专家的课程计划不折不扣地去做,而是还要考虑课

---

① 参见朱家雄.幼儿园课程的理论与实践[M].上海:华东师范大学出版社,2010:107.

程实施者的兴趣和需要及教育现场中的各种条件和状况,并对专家的课程计划做出调整,使课程计划适合具体实践情境的需要。教师对预定课程方案积极的、理智的改造是课程实施成功的基本保证。

（三）课程创生取向

课程创生取向,指的是把课程实施过程看成是课程实施者们自身创造的过程。课程实施本质上是在具体教育情境中创生(enact)新的教育经验的过程,而已有的课程计划只是供这个经验创生过程选择的平台而已。这种取向譬如乐谱与演奏:同样的乐谱,由于每一个演奏家对乐谱的理解和演奏的技巧不同,就会有不同的演奏,效果也会大不一样。

在课程实施是创生取向者看来,尽管教师可以运用由课程专家设计的课程和建议,但是真正创生课程并赋予课程以意义的还是教师和儿童。课程实施是教师与儿童共同创造经验、并且是师幼能实际体验到经验的过程,是情境化、个性化的。课程创生取向实际上是把处于具体教育情境中的教师和儿童作为课程开发、课程创造的主体。它要求教师不仅善于对专家开发的课程做出正确的判断、选择和解释,更善于根据具体情境的特殊需要创造自己的课程。这种观点带有浓郁的理想色彩,对实践者的要求很高,因而其推行范围有限。

从课程实施研究的历程来看,由忠实取向经相互适应取向发展到创生取向的变化,反映了人们对课程实施本质的认识不断深化。课程实施不再是课程决策者对课程实施者的控制过程,而是共同参与的民主交往过程。在这个民主交往过程中,每一个参与者的主体性都获得尊重与提升。教师与儿童应该成为课程变革的主体。衡量课程变革成败的基本标准是看教师与学生的主体性是否获得解放、个性是否发生理想的变化。这种课程实施观点的变化体现了时代精神,是课程改革的发展方向。

第二节　幼儿园课程实施原则

课程实施的过程常常被视为广义的"教学"过程。教与学是一个双边活动过程,受到社会发展的客观需要、人类的认识规律和幼儿身心发展规律制约,是一个复杂的有规律的过程。为了使幼儿园的教育教学活动符合客观规律、

符合幼儿身心发展的客观规律,保证教育教学质量,圆满实现幼儿教育的目的任务,幼儿教师在课程实施过程中,必须遵循一定的原则。

一、整体性原则

整体性原则是指课程实施过程要关注幼儿学习与发展的整体性。儿童的发展是一个整体,不仅有增长知识、发展能力的目标,而且有形成一定的情感、态度、倾向的任务,是使幼儿的潜能得到和谐发展,形成积极个性的过程。因此,要注重领域之间、目标之间的相互渗透和整合,促进幼儿身心全面协调发展,而不应片面追求某一方面或几方面的发展。

人本质上应该是身心各方面和谐统一的整体。幼儿教育的目的就是把幼儿培养成为和谐发展的"完整儿童"。为此,幼儿园课程需要把各种教育因素有机地组织起来,使它们相互支持、相互强化,只有按这样的原则组织起来的整体优化的课程结构,才能转化为幼儿完整、系统的学习经验,以达到促进其身心全面和谐发展的目的。贯彻整体性原则要做到:

(1) 整体考虑课程结构各要素的内在统一,发挥整体效益。要树立整体观和系统观,把课程各要素、各部分、各环节都看成是课程整体系统中的要素、部分、环节,看成是相互联系、相互渗透、相互影响、不可分割的。把课程组织成为一个具有合理结构和内在逻辑联系的整体,使之发挥整体效应,是课程整体性原则的关键。

(2) 发挥一日活动整体教育功能。幼儿园一日活动是指幼儿园每天进行的所有保育、教育活动。它包括由教师组织的活动(如幼儿的生活活动、教学活动等)和幼儿的自主自由活动(如自由游戏、区角自由活动等)。幼儿园应充分认识和利用一日生活中各种活动的教育价值,通过合理组织、科学安排,让一日活动发挥一致的、连贯的、整体的教育功能,寓教育于一日活动之中。

(3) 重视家园资源整合,形成教育合力。要重视家庭教育对幼儿终身学习和发展的重要影响,倡导建立良好的亲子关系,创设平等、温馨的家庭环境,注重家长对孩子言传身教和潜移默化的影响。教师要努力做好家长工作,保持家长和幼儿园的联系和密切配合,使家庭与幼儿园在保教内容、要求、方式、方法等方面形成共识,同步进行。同时充分发掘和利用家长的教育资源,做到幼儿园和家庭优势互补,形成教育合力,发挥教育的最大功能。

案例: 我们在开展"各行各业"的主题活动中,充分利用了家长资源的优势,他们热情地向幼儿介绍自己的职业,有的家长还拿来了工作的照片。高寒的妈妈是超市的营业员,她向孩子们详细地介绍了自己的工作,她还从超市带来了价签,向幼儿介绍价签的作用和怎样认读价签。孩子们在这次活动中,不仅感受到了超市营业员的辛苦,了解了营业员的工作,而且还认识了货币、价格及怎样向营业员询问,等等,提高了幼儿的人际交往能力及语言表达能力,为孩子们独自去超市购物做好了准备,同时也丰富了幼儿的生活。又如:陆杰的爸爸是个航天专家,是搞航天科学研究的,他给我们讲了许多航天知识,为了更吸引孩子们的兴趣,他带来了火箭模型、卫星图片等,他还教孩子们利用气球制作火箭的科学小实验,孩子们可高兴了,每个幼儿都参与了制作,都表现出对科学的兴趣,他还向孩子们讲了神舟五号是怎样登上月球的,杨利伟叔叔是个多么勇敢的人,等等,真是一个生动有趣的活动啊!通过这个活动,老师和孩子们都学到了不少的航天知识,表现出师生共同成长,同时也丰富了幼儿园的活动,填补了幼儿园在这一领域的空白,做到了幼儿园教育与家庭的优势互补,有利于教育资源的充分利用,活跃了活动的气氛,使幼儿园教育更加有趣,同时也增强了家长的主人翁意识。

(资料来源 王立红:充分挖掘家长的教育资源,http://www.youjiao.com/e/20090708/4b8bcc3c11069.shtml)

二、发展性原则

发展性原则是指课程实施立足于幼儿的最近发展区,尊重幼儿发展的个体差异,促进幼儿的全面发展。把幼儿发展的可能性与积极引导幼儿发展二者辩证地结合起来;把促进每一位幼儿体、智、美全方面发展教育与尊重幼儿个体差异结合起来。贯彻发展性原则要求做到:

(1) 深入了解全体幼儿的一般情况、发展水平和发展潜力,并对其做出正确的估计。幼儿的发展是一个持续、渐进的过程,同时也表现出一定的阶段性特征。每个幼儿在沿着相似进程发展的过程中,各自的发展速度和到达某一水平的时间不完全相同。要充分理解和尊重幼儿发展进程中的个别差异,支持和引导他们从原有水平向更高水平发展,按照自身的速度和方式到达《3~6岁儿童学习与发展指南》所呈现的发展"阶梯",切忌用一把"尺子"衡量所有幼儿。严禁"拔苗助长"式的超前教育和强化训练。

(2) 由浅入深、由易到难、循序渐进地安排教学内容,要求幼儿不断努力,

从而促进幼儿不断发展。

（3）综合运用各种教学方法，并不断加以改进，按照知识的逻辑顺序和幼儿认识能力在发展的最近区域进行教学，使幼儿利用已有的知识去获得更多的新知识，同时发展智力。

（4）积极为幼儿创设良好的教育教学环境，特别是要为幼儿创设各种区角活动，使幼儿有更多的自由活动机会，充分发挥他们的个性和创造性，满足幼儿个性化发展的需要。

三、主体性原则

主体性原则是指幼儿是积极主动的学习者，在课程实施中要尊重幼儿在学习中的主体地位。皮亚杰认为："学习是建构内部心理表征的过程，学习者并不是把知识从外部'搬'到记忆中，而是以已有的经验为基础，通过与外部环境的相互作用来建构新的图式。"因此，幼儿的学习是一种能动建构的过程，学习所关注的，应该是儿童主动的心理建构活动。贯彻这一原则要求做到：

（1）理解和尊重幼儿的学习方式和特点。幼儿的学习是以直接经验为基础，在游戏和日常生活中进行的。要珍视游戏和生活的独特价值，把握蕴含其中的教育契机，创设丰富的教育环境，合理安排一日生活，最大限度地支持和满足幼儿通过直接感知、实际操作和亲身体验获取经验的需要。

（2）重视幼儿的学习品质。幼儿在活动过程中表现出的积极态度和良好行为倾向是终身学习与发展所必需的宝贵品质。要充分尊重和保护幼儿的好奇心和学习兴趣，帮助幼儿逐步养成积极主动、认真专注、不怕困难、敢于探究和尝试、乐于想象和创造等良好学习品质。忽视幼儿学习品质培养，单纯追求知识技能学习的做法是短视而有害的。

案例： 某教师在组织幼儿外出参观前开展了一次教学活动。她与全班30名幼儿讨论了如何分组、分几组、包哪种车合理（告知幼儿大、中、小三种车各有多少座位）、老师和保育员三人如何分配到小组里，等等。孩子们采用了现场数人数的方法，并用小积木、雪花片等材料代表人数，通过数数摆弄，想出了多种分组办法，分析了各自的特点，比如大车虽可容纳全班幼儿但不好管理（"人太多了，老师看不到我们"）；出租车虽然舒服，但组数太多，老师只有三个，管理不到（"如果我们车上没有老师，司机把我们开到别的地方，我们该找不到了"）。最终孩子们决定分为三组，用三辆中型面包车，圆满地解决了

问题。这个活动是生成的。教学的内容不仅涉及数数、加减等基本数学知识,还有乘除法的启蒙教学,孩子们会说"一分二"、"一分三"、"一分八"这样的话,甚至在分组时还出现了余数("包8辆出租车还多1个人")。显然,如果是"教书",我们可能会认为该内容太深,但作为"教学"(教幼儿学),它是精彩的,因为在教学过程中幼儿所得各不相同。这就是我们追求的意义。

(资料来源　华爱华:追求"教学的有效性"还是"有意义的教学",http://www.cnsece.com/article/10188.html.)

四、科学性与教育性相统一原则

科学性与教育性相统一原则是指按照幼儿年龄特点和认识事物的规律,向幼儿传授正确的、可靠的知识、技能,安排切实可行的教学组织形式和教学方法,与依据课程内容有目的、有计划地对幼儿实施情感、态度的教育相结合。

这一原则是全面发展教育的要求,也反映了知识的科学性和思想性与教学的教育性规律。幼儿年龄小、经验少、判断力差、模仿性强,容易接受周围环境的影响和外部刺激,而这一时期形成的认识在大脑中会留下深刻的印象,对其进一步发展将产生深远的影响。如果在教育教学中不顾幼儿的年龄特点和认识事物的规律组织教学,向幼儿灌输一些似是而非、不切实际、非科学性的知识,不仅影响幼儿现在的进步,也会给以后的发展造成障碍。另外,仅依赖知识本身的思想品德教育价值去直接、自动地对幼儿发挥教育作用是不够的,需要教师充分地引领和挖掘其教育因素。因此,在课程实施时坚持科学性与教育性相统一原则是极其重要的,它既能让幼儿在发展的最佳时期获得大量正确、客观的知识和技能,迅速提高其智力水平,又可培养积极的情感和态度。贯彻科学性与教育性相统一的原则要做到:

(1) 保证课程内容的正确性。要选择那些具有现代科学水平、有据可依、定论的知识,那些有争议的、已被证实是错误的或者是陈旧落后的知识不能作为课程内容。课程内容要反映客观的事实,不能出现科学错误。

(2) 教师对知识的介绍、说明、讲解、分析、举例等必须准确无误,以有利于幼儿形成科学的概念。

(3) 挖掘课程内容的教育性。教师要结合课程内容,挖掘其中的教育价值,主动、适时、适当地加以引导,帮助幼儿形成和提高对是非、善恶、美丑的认识。

案例:在《熊叔叔的生日派对》故事教学中,老师引领幼儿理解熊叔叔睡"懒觉",是因为它帮小动物们修桥忙了一夜。当讲到"小动物们来给他过生日时,熊叔叔流下了眼泪"时,老师可以及时提问:"熊叔叔为什么会流泪?""是高兴的泪?还是伤心的泪?"当幼儿回答是"高兴的泪"后,老师进一步引导:"熊叔叔为什么会高兴地流下眼泪?"幼儿自然会得出:"是因为它自己都忘记生日了,可是小动物们还记得。"老师总结:"是啊,小朋友们记住哦,帮助别人你会得到意想不到的快乐!"

上述案例中,教师经过系列开放式问题的引导、启发,激活了幼儿的思维,在师幼间进行交流、对话的过程中,自然地引出主题:"帮助别人你会得到意想不到的快乐"。贯彻这一原则时,要特别注意防止直接灌输,更不能牵强附会、生拉硬扯。

(4)教师要提高自身素质,发挥示范作用。教学活动中,教师和幼儿在一起学习、游戏,教师的一举一动、一言一行对幼儿都有示范作用。同时,教师要营造教育情境,潜移默化,达到润物细无声的效果。

五、趣味性原则

趣味性原则是指在教育教学活动中,教师必须使各教学环节充满趣味,以引起幼儿浓厚的学习兴趣,激发幼儿学习的积极性和求知欲,使幼儿在愉快的气氛中,带着喜悦的情绪,全身心地投入到活动中去,获取知识和技能。也即要寓教育于娱乐之中。

这一原则是依据幼儿期的认知特点决定的。在幼儿的无意性占优势的阶段,年龄越小,越缺乏活动的目的性,情绪不稳定,注意力不能长时间集中,不会做意志上的种种努力。他们的学习往往受兴趣支配,而兴趣的产生主要来自周围环境的影响和刺激。这就要求在幼儿园的教育教学活动中,必须结合幼儿特点进行,以活动全过程各个环节的趣味性来激发幼儿学习的兴趣性和主动性、积极性,让幼儿在整个活动中保持较持久的注意力,身心处于最活跃的状态,内在的潜能得到充分的发挥。贯彻趣味性原则必须做到:

(1)选择符合幼儿特点的、幼儿感兴趣的具体内容,以引起幼儿的直接兴趣,并通过启发诱导使之进一步转化为学习的内在动力,从而激发幼儿学习的主动性和积极性。

(2)运用辅助手段,激发幼儿兴趣。根据教学的具体内容和幼儿实际,恰当地运用直观手段,充分利用实物、模型、多媒体、生动形象的语言或动作等增加教学的趣味性,以激发幼儿获取知识技能的兴趣。

(3) 应以游戏为基本活动,采取灵活多样的教育教学组织形式,寓教育于各项活动之中。特别是要根据幼儿的年龄特点选择和指导游戏,因地制宜地为幼儿创设游戏条件,尊重幼儿选择游戏的意愿,使他们始终保持积极的情绪状态,促进幼儿各种能力和个性的全面发展。

(4) 创造机会让幼儿体验成功,增强进一步学习的兴趣。应根据幼儿的智力发展水平,创设具有一定挑战性的活动,鼓励幼儿积极参与,并对幼儿在活动中的表现多进行肯定和表扬,使幼儿学习的主动性和积极性充分地发挥出来,在轻松愉快的气氛中体验成功的快乐。

六、直观性原则

直观性原则是指利用幼儿的各种感官和已有经验,通过各种直观手段吸引幼儿注意力,丰富幼儿的直接经验和感性知识,帮助幼儿形成正确的概念,获取知识和技能,发展智力。

这一原则是根据幼儿具体思维形象的特点,也符合幼儿第一信号系统占优势的特点。本原则的实施能使教育教学活动过程生动形象、自然活泼,有助于激发幼儿的学习兴趣和积极性,集中幼儿注意力;有助于幼儿理解、接受和记忆,发展观察力和形象思维能力,对提高教学效果有重要作用。通常运用的主要直观手段有以下几种:

(1) 实物直观。包括观察实物、标本,实地参观,做小实验等。

(2) 模具直观。包括观察图片、图书、玩具、模型、贴绒、教具、沙盘等。

(3) 电化教育直观。包括幻灯、录像、电影、电视、录音、多媒体(交互式电子白板)等。

(4) 语言直观。指教师生动、形象、准确的语言描述。

(5) 动作直观。包括演示、示范、教态等。

贯彻直观性原则要做到:

(1) 根据教学任务、内容及幼儿实际恰当地选择直观手段。比如,对于那些幼儿已有一定的直接经验的内容,可以运用语言直观,唤起幼儿的经验;对于那些需要了解事物之间的关系、幼儿缺乏生活经验的内容,则可以运用图片、多媒体、小实验等手段。尽管直观手段多样化,但有的手段随着时代的发展已逐步淘汰,而多媒体(交互式电子白板)越来越成为教师教学时的首选。教师应该因地制宜,采用多样化的直观手段,有效地帮助幼儿形成清晰的

表象。

(2) 运用直观手段时要与训练幼儿感官相结合。要尽可能地调动和锻炼幼儿的多种感官,让幼儿有机会多通道地直接接触和感知实物,丰富感性认识,发展感知力,以加深幼儿对事物及现象全面、正确和深刻的印象,帮助幼儿认识和理解事物。

(3) 多种直观手段结合,发挥最大效应。运用直观手段特别要注意与教师的语言指导和动作示范相结合。教师要用简明、生动、形象、带有启发性的语言和准确的动作示范引导幼儿观察和操作,以强化直观手段的作用,获得正确的结论、表象和概念。

(4) 恰当运用直观教具,使生动形象的直观、抽象的思维活动和实践操作相结合。注意教具的典型性、代表性、实用性,通过直观活动使幼儿对教学内容有一个清晰的印象,还要帮助幼儿通过比较、分析、综合、概括等思维活动,提升经验,形成比较完整的正确概念。在此基础上进一步提供实践操作的机会,巩固所学内容,内化新知,发展智力。

七、活动性原则

活动性原则是指在课程实施中,教师要提供以游戏活动为基本活动的多种活动,让幼儿在活动中学习并获得发展。

这一原则的理论依据源自杜威的"做中学"、苏联心理学家的"活动主导论"及皮亚杰的儿童认知发展理论。活动性原则强调幼儿的发展是通过不断获得各种经验而实现的,这些经验只有通过幼儿的活动才能获得,而不能由教师灌输,强迫幼儿获得。因此,幼儿园教育必须以活动为主导,以活动作为幼儿教育的主要内容和形式贯穿整个教育教学过程,促进儿童身心健康发展。贯彻活动性原则要做到:

(1) "活动"包括外显的操作活动和内隐的心智活动。完整的活动是一个外部操作与内部调控互相协调、有机统一的活动过程。教师在组织活动时既要关注幼儿操作的外显行为,更要透过幼儿这些看得见的行为了解他们内隐的心智活动。因为那些外显行为并不是无意识的自发活动,而是幼儿根据一定的学习要求在自身的内部言语调控下实施的一种有计划、有步骤的学习行为。

(2) 要给幼儿提供多样的活动和尽量多的活动机会。教师要创设蕴含教育价值的环境,为幼儿提供丰富的物质材料、实践的环境和充分的活动时间以及与同伴、教师交往的机会,使幼儿能在各种形式的活动中得到自主操作的机会。

(3) 活动不是装饰品。教师要鼓励儿童活动的积极性、主动性和创造性，而不是为了活动而活动、走形式。徒有丰富的材料、变幻的方式，但幼儿却表现得被动无趣，也会宣告活动的失败。

第三节　幼儿园课程实施的方式

幼儿园课程目标、课程内容确定后，就必须考虑通过什么方式组织实施及教和学的策略，这是课程内容有效实施，实现课程目标的可靠保证。

一、教育活动的组织形式

教育活动的组织形式是指为完成特定的课程内容，教师和幼儿按照一定的要求组合起来进行活动的结构。教育活动的组织形式不是固定不变的，随着社会政治经济和科学文化的发展及人们对儿童发展的需求不断提高，教育活动的组织形式也不断发展与改进。

幼儿园教育活动的组织形式一般有两种分类方法：一是从学习者参与活动的自主程度来看，活动的组织形式可分为教师指定活动和幼儿自选活动；或是指导性活动和儿童自由活动。二是从学习者参与活动的规模来看，幼儿园教育活动的组织可分为集体活动（全班活动）、小组活动和个别活动。这里主要介绍第二种分类方法。

（一）集体活动

集体活动是指教师有目的、有计划地组织和直接指导全班幼儿在同一时间内做基本相同的事情的过程。幼儿园经常组织一些集体活动，比如春游、秋游、亲子活动、家长开放日等，当把这种组织形式运用于教学时就是集体教学。这里主要讲集体教学活动。

1. 集体教学活动的特征

(1) 有一定的人数规模。按照《幼儿园工作规程》的要求，幼儿园每班幼儿人数一般为小班(3至4周岁)25人，中班(4至5周岁)30人，大班(5周岁至6或7周岁)35人，混合班30人。学前幼儿班不超过40人。寄宿制幼儿

园每班幼儿人数酌减。幼儿园可按年龄分别编班,也可混合编班。

(2) 教学时间固定。一般幼儿园每天安排至少一次集体教学活动,活动的时间原则上为小班 15～20 分钟;中班 20～25 分钟;大班 25～30 分钟。

(3) 教学内容相对完整。把一定的教学内容以及实现这些内容的教学手段、教学方法,按领域或主题分成若干个小部分,且各小部分大致平衡,彼此连续而又相对完整。这每一小部分的教学内容与教学活动就被称之为一"课"。为了避免与小学化的"上课"划清界限,近年来幼儿园的集体教学都称之为"活动"。如一节语言活动、一节音乐活动等。

2. 集体教学活动的评价

幼儿园的集体教学活动是幼儿园课程实施的有效形式之一。其优点在于:一是效率高。一位教师能同时教二、三十个幼儿,而且能使全体幼儿共同进步。同时,经过精心设计的活动能将教学的各要素合理安排,发挥最大效益;二是能保证学习活动循序渐进,帮助幼儿归纳、梳理、提升关键经验;三是能保证发挥教师的主导作用,有目的、有计划地指导幼儿学习全过程;四是幼儿可以相互观摩、启发,有交流、分享的机会;五是保障幼儿的全面发展。幼儿园每周或每月的集体教学活动都应该是经过教师精心设计、平衡过的,它保证了五大领域的均衡,同时也保证了幼儿身体、心理及社会性等的协调发展。

但是,幼儿园集体教学活动的局限性也是显而易见的。一是幼儿的主体地位受到一定的限制,集体教学活动一般是由教师直接控制;二是难以照顾幼儿的个别差异。由于幼儿人数多,个别差异大,难以照顾到每个幼儿的需要,也难以让每个幼儿积极参与;三是容易忽略幼儿的学习特点。幼儿是以掌握直接经验为主,直接经验的获得往往需要较多的感官参与,也需要较多的相互交流和感情支持,集体教学活动难以满足。因此,集体教学活动这种组织方式有一定的适用范围,不是所有的情况下都适合。应当根据目标、内容以及幼儿学习该内容的特点来确定。

(二) 小组活动

小组活动,也称小组教学或分组教学,是指在班级内随机或按能力、兴趣分组进行教学的形式。幼儿园的小组活动可以是教师有计划安排的活动,可以是教师组织指导的活动,也可以是幼儿自发的活动。实践中,小组教学常常有几种不同方式:

1. 全班集体教学背景下的分组活动

具体又可分为两种情况:

（1）同一内容、同一要求、同一方法或不同方法的分组。如科学探索活动时，教师准备好若干份基本相同的操作材料，交代清楚任务，让幼儿分组进行探讨。教师更多的是观察了解活动情况，给予必要的帮助和指导，最后对幼儿的学习情况进行归纳总结。这种方式一般来说具有集体教学的优点，同时在一定程度上克服或弥补了其不足。比较适合于那些操作性强，孩子可以独立进行而不需要教师太多指导的内容。我国幼儿园中，目前这种小组教学的情况较多。

（2）同一主题、不同内容的分组。即全班学习的内容主题是一个，但每组活动的具体内容有所不同，可以说是各组之间分工合作，每组从一个方面或一个角度探讨与主题有关的一个问题，最后大家通过交流、分享，获得关于这个主题的较完整的学习经验。比如，在"美丽的家乡"活动中，教师先引导幼儿讨论家乡标志性的建筑、河流、大桥等，设计一个蓝图，然后让大家自由结合，领取任务。有的组搭建亭子、有的垒河堤、有的则建桥，等等。最后，大家齐心合力地创设出美丽的家乡模型。这种方式难以保证每一个幼儿都获得那些必需的学习经验。

2. 分组教学

教师面向一组幼儿进行教学，其他组幼儿以不影响该组幼儿的学习为前提，自由选择区域活动，然后轮流交换。分组教学适合学习新内容，以及一些要求幼儿有更多的发言机会的内容，如主题谈话等。

分组可以是随机的，也可以是按能力分组。按能力分组的优点是比较能够照顾到幼儿的不同需要，但这种分组一旦比较固定，就容易产生"标签效应"，影响儿童的自我评价，因此要谨慎使用。

综上所述，小组活动的优点：一是师幼、幼幼有了更多的面对面的直接接触，为幼儿提供了和同伴、教师交谈、讨论、合作和分享经验的机会，教师可以关注到每一个幼儿；二是幼儿可以有机会自主学习，更容易让幼儿主动积极地操作材料，并可以按自己的速度和方式去做所要求做的事。分组教学难以解决的问题是增加了教育成本，在追求教育效益和发展幼儿个性的"两难"问题方面还有待努力。

（三）个别活动

个别活动可以是指由一个教师面对一两个幼儿进行指导的组织形式，也可以是指幼儿的自发、自由活动。教师的指导一般在幼儿自选活动时间进行，教师作为同伴参与到幼儿的活动中去，与个别幼儿互动，或是针对个别幼儿的

特殊情况,进行专门辅导。个别活动关注幼儿的个体差异和不同的学习需要,幼儿个人的经验、特点得以体现,也使每个幼儿可以真正建构自己的知识系统;另外,个别活动中幼儿在操作、摆弄、与客体交往中,进行发现性学习,主体性得到最大的发挥。但由于我国幼儿园幼儿人数多,教师数少,要做到每天及时对每个幼儿进行个别指导显然是不可能的;幼儿自主获得的经验耗时,缺乏提升、总结,因而不系统。

总之,不同的教育活动组织形式有不同的适用范围,其自身也有不同的教育价值,不能简单地认为哪种形式就一定好,哪种形式就一定差,而应该根据课程目标、内容和材料等具体情况进行选择。但我国多数幼儿园教师习惯于采用集体活动的形式,因此特别需要强调小组活动和个别活动这两种形式。

二、课程实施中教与学的策略

对于幼儿园或班级层面的课程设计者来说,"如何教"并不是到了课程实施环节才要考虑的问题。在班级层面的课程组织中,教学方式是必须考虑的,因为它不仅是一个运载课程内容的工具,它本身也携带着不同的教育意义,直接影响着幼儿的学习经验。同样的教育内容,不同的教学方法,对幼儿产生的教育影响可能会有很大的不同。

幼儿园教学活动方法主要是指为了完成一定的活动任务,师生在共同活动中采用的手段,其中既有教师教的方法,也包括幼儿学的方法,教的方法必须依据学的方法,否则便会因缺乏针对性和可行性而不能有效地达到预期的目的。

(一)幼儿园教学活动常用方法

按照教学方法的外部形态,以及相对应的这种形态下幼儿认识活动的特点,将幼儿园教学活动中常用的教学方法分为四类。

1. 以体验、操作为主的教学方法

这类教学方法是指教师在教学中创设一定的情境,或提供丰富的材料,让幼儿积极主动地参与到一种类似真实情境的活动中,在活动中获得知识,进行情感体验,并受到潜移默化的教育的一种教学方法。以体验、操作为主的教学方法包括游戏法、角色扮演法、情境体验法等。

(1)游戏法

游戏法是指在教学活动中以游戏的形式和方式开展相应的教学活动的一种教学方法。游戏是幼儿喜爱的活动形式,是一种假想的行为,利用游戏法组织教学既可以引起幼儿的兴趣和积极性,又可以寓教于乐,使教学活动充满

乐趣。

运用游戏法时要做到:① 注意"发展适宜性"原则。教师要根据幼儿社会性发展的能力水平,因人而异、因地制宜地开展游戏化教学。② 明确游戏规则。游戏法教学中的游戏规则是依据教学活动目的和游戏目的提出来的,往往是教学的重点或难点,因此,教师要在教学活动中让幼儿掌握游戏规则,并借此机会培养儿童良好的行为习惯和规则意识。③ 把握好游戏法教学中"教"和"乐"的关系。"教"是指五大领域的知识或技能;"乐"是指有趣味性,活动过程要很有趣,能激发所有的幼儿乐于参加其中。要明确游戏只是达到教学目的的手段,"乐"是为"教"服务,"教"才是目的。④ 创设富有教育意义的游戏区域,通过幼儿自主操作,在游戏中学习或巩固知识和技能,体验成功。

(2) 角色扮演法

角色扮演法是指在模拟现实情境或再现故事情境中,让幼儿扮演其中的角色,尝试站在该角色的立场上分析问题、处理问题、体验情感,并通过及时的反馈和教师指导,了解别人的需求和感受,从而更好地掌握与角色相适应的行为及规范。角色扮演法能显著提高幼儿的角色承担能力和亲社会行为水平;可以让幼儿进入他人角色并体验他人情感和行为经验,从而相应地习得该角色的行为规范和道德要求。

运用角色扮演法时要做到:① 选择符合幼儿年龄特点的内容。幼儿对所要扮演的角色行为有一定的认知;角色冲突体现帮助、安慰、分享等亲社会行为;情节简单,对话、动作多;情景是幼儿熟悉的日常生活中的小事件等。② 与幼儿一起分析、探讨角色的行为特点、情感态度、解决问题的方式等,重点帮助幼儿理解角色的内心活动。③ 创设的情景内容与幼儿的日常生活密切结合,这样才可以使幼儿将教学中学到的东西尽快运用到自己的生活中去。④ 开展训练的形式可灵活多样。可以是面对全体幼儿集体进行,也可以重点针对个别儿童进行;切不可为表演而表演。

(3) 情境体验法

情境体验法是指根据一定的教育目的或教学要求,创设相应的教学情境,让幼儿通过与情境的相互作用,在情境体验中主动学习和发展的一种教学方法。情境体验法能激发幼儿相应的情感体验和认识经验,是对幼儿进行教育的一种行之有效的方法。

运用情境体验法时要做到:① 所创设的情境要富有儿童情趣,不宜成人化。② 为幼儿提供熟悉的有利于开展想象与虚拟交往的情境。可以创设超市、娃娃家、医院等活动区域,让幼儿自由开展活动,把平时所学到的交往技巧

运用到自己的生活中;也可以在教学中创设情境,让幼儿在体验中获得相应的知识、技能和情感。③ 可运用多种方式创设情境。如实物演示情境,如布置一个家的场景;图画或多媒体再现情境,如创设一个与儿歌内容相应的画面;音乐渲染情境,如配乐朗读故事;语言描述情境,如在活动开始时交代,"今天老师是羊妈妈,你们是羊宝宝。宝宝们,我们去草地上吃草去吧!"还可以通过角色扮演表现情境,如让幼儿表演"做客"的场景,导入活动,等等。④ 注重幼儿的情感体验,让幼儿在体验中感受、获得相应的情感,形成某种态度。

2. 以引导探究为主的方法

这类教学方法是指教师组织和引导幼儿通过独立的探索和研究活动而获得知识和技能的方法,如发现法等。

发现法又称探索法、研究法,是指教师创设一定的教育情境,提供丰富的材料,让幼儿自己通过观察、操作、实验、思考、讨论等途径去独立探究,自行发现并掌握相应的知识和技能的一种方法。它以解决问题为主题,倡导幼儿自主选择、体现教学的非指导性。其最大的优点是能让幼儿自觉地、自主地探索,掌握认识和解决问题的方法与步骤,发现事物内部的联系,从中找出规律,形成自己的概念;有助于激发幼儿学习兴趣、培养幼儿解决问题的能力、发展幼儿创造性思维和好奇心。

运用发现法时要做到:① 创设问题情景,向幼儿提出或者引导幼儿自己根据情景提出要解决或要探究的问题。② 鼓励幼儿操作有关材料,对提出的问题尝试各种可能的假设和答案。③ 组织幼儿讨论,分享、交流各自的探索。④ 让幼儿再次验证自己或别人的假设和答案。⑤ 评价活动过程,并对结论做出补充、修改和总结。

3. 以直接感知为主的方法

这类方法是指教师通过演示实物、教具或做示范性实验和表演,组织教学性的参观等,借以说明和印证所讲授知识的一类方法。其优点是形象、具体、直接和真实,有助于幼儿获得感性认识,形成深刻的表象,便于理解和记忆;有助于集中幼儿注意力,引起幼儿兴趣,巩固所学习的知识。运用直接感知为主的方法要与语言类方法和练习法等结合使用,才能提高认识,并在练习中巩固所获得的知识和行为。以直接感知为主的方法主要包括观察法、演示法、示范法、范例法、参观法等。

(1) 观察法

观察法是指教师有计划、有目的地引导幼儿感知客观事物的一种教学方法。观察法包括个别物体观察、比较性观察、长期系统性观察等形式。观察活动可以是幼儿主动的、自发的,也可以是教师专门组织的。

运用观察法时要做到:① 观察前教师要确定观察内容、提出观察要求、拟定好观察步骤。② 创造观察条件,提供观察对象,并让幼儿熟悉观察对象。③ 引导幼儿运用多种感官,全面观察。④ 教会幼儿观察方法。如学会观察的顺序:从上到下、从左到右、从局部到整体;运用比较的方法、系统观察的方法等;同时,教师和幼儿一起做观察记录,用磁带、摄影摄像、绘画、笔录等多种方式记下幼儿活动时的感受、体验和发现。⑤ 观察结束时教师要与幼儿一起总结观察印象,让幼儿将观察到的知识进一步巩固和条理化。

(2) 演示法

演示法是指教师向幼儿展示各种实物或直观教具,进行示范性操作、实验,或通过现代化教学手段,使幼儿获得关于某一事物或现象的感性认识的方法。常与讲解法、谈话法一起使用,对提高幼儿学习的兴趣,培养幼儿观察力、解决学习中的困难有重要的帮助。

运用演示法时要做到:① 面向全体幼儿,保证每一个幼儿都能清晰地观察到。② 将幼儿的注意力集中在观察对象的主要方面。③ 教师的讲解简明扼要,讲解符合观察的一般顺序,便于幼儿掌握观察的方法。④ 演示技巧熟练、程序正确、动作清楚,速度适宜。⑤ 注意演示时机的适切性。

(3) 示范法

示范法是指教师通过自己或幼儿的语言、动作、声音、教学表演,使幼儿进行模仿学习的方法。它是各活动常用的方法。示范法为幼儿提供观察学习、模仿学习的内容,直观、成效快、适用情境广,适合幼儿的学习特点。示范法包括完整示范、部分示范、分解示范、不同方向示范等多种形式。其中:

完整示范是指对新的教学内容,从头到尾的示范,给儿童完整的印象,便于其理解和掌握,形成整体认识。比如音乐活动中教师完整地示范一段舞蹈,一方面给儿童从整体上感知舞蹈,另一方面教师优美的舞姿也会给幼儿带来美的享受,激发幼儿学习的兴趣。

部分示范是指针对儿童学习观察中出现难点、缺点、错误,教师则进行示范以帮助解决局部问题,对已经会的就不再示范。

分解示范是指把学习内容分成若干部分,分步分段地示范,使幼儿掌握每一处的要领和学习的重点。

不同方向示范是指从正面、背面或侧面示范,使幼儿能从不同的角度得到完整的认识。

运用示范法时要做到：① 动作示范选好位置，面向全体。② 示范动作要慢一些，而且要清楚准确，并适当加以讲解。③ 语言示范，声音要洪亮、吐字清晰、用词正确、富有表现力。

(4) 范例法

范例法是指采用具有教育意义的典型事例或按教学要求提供样品给幼儿直接模仿和学习的方法。幼儿园的范例包括绘画、纸工、泥工的样品和典型的人或事，等等。范例法具有示范性、直观性和行为定向作用等特点，有助于幼儿获得正确的认知，明辨是非。来自各个方面的各种范例，构成了良好的教育环境和氛围，会对幼儿产生潜移默化的影响。

运用范例法时要做到：① 教学中提供的范例要色彩鲜艳、画面清楚、形象突出，让每个幼儿能够看清楚。② 范例难易适中、具有典型性，可供每个幼儿观察、模仿学习。③ 范例要多样化，有一定数量，能够从不同角度反映事物。④ 教师运用范例一般不要多用，以免影响幼儿想象。

(5) 参观法

参观法是指为幼儿提供真人、真事、真实场合作为教育环境的一种现场学习的方法。它是教师根据教学目的组织幼儿对所参观的对象进行观察，从而获得新知识或巩固、印证已学知识的方法。参观法的优点是能有效地使教学与实际生活相联系，能激发起幼儿浓厚的学习兴趣；幼儿在参观活动中亲自感受真人真事，进而产生情感共鸣和移情，从情感上引发一种激励机制，从而最终导致学习和行为的良好迁移。

运用参观法时要做到：① 参观前做好各项准备，包括确定参观的目的和地点，了解对象的基本情况，制订计划。② 实地考察一下参观路线和目的地，保证安全；落实好接待人员。如果需要对方介绍，则事先沟通好讲解的重点及语言要求。③ 参观时教师要对幼儿进行具体的指导，激发每个幼儿的求知欲，鼓励幼儿提出问题；如果条件许可，应该让每个幼儿有体验的机会。④ 参观结束要进行总结。

4. 以语言传递信息为主的方法

以语言传递信息为主的方法，是指通过教师运用口头语言向幼儿描绘情境、叙述事实、解释概念、说明道理，使幼儿直接获得知识的教学方法。这类方法的优点是教师起主导作用，幼儿在较短时间获得系统完整知识。可单独使用，也可以与其他方法结合配合使用。在教学过程中，以语言传递信息为主的方法主要有：讲述法、讲解法、故事法、谈话法、讨论法等。

(1) 讲述法

讲述法是教师(幼儿)通过口头语言生动地叙述,说明要讲解的教学内容的一种教学方法。不仅用于向幼儿传授知识,还用于各种活动的组织。它是传统的教学方法,也是最主要的教学方法之一。

幼儿的讲述活动根据讲述内容分为符合实际的讲述和创造性讲述;根据讲述的心理过程分为凭感知讲述、凭记忆讲述、凭想象讲述;根据讲述形式分为叙事性讲述、有情节讲述。主要类型有:讲述实物、看图讲述、编故事等。

运用讲述法时要做到:① 讲述的语言正确、生动、形象、有感情,能引起幼儿兴趣,并把握好语速、语音、感情色彩变化。② 简明扼要、重点突出、儿童化语言,幼儿能听懂。讲述之前,教师交代讲述的要求;讲述过程,提醒幼儿围绕讲述对象进行倾听、讲述。③ 倾听幼儿讲述,及时给予鼓励和帮助,切忌过多干扰幼儿讲述。

(2) 讲解法

讲解法是教师通过口头语言向幼儿解释和说明知识、材料、规定、要求等的一种教学方法。讲解法的优点在于可以帮幼儿了解事物或现象的主要方面和本质特征,把不认识的事物转化为能理解的内容,是学习和巩固知识技能,培养思想品德的重要方法。一般与演示、示范、范例、实验、参观等教学方法结合使用。如:说明观察对象的特征、口头指示幼儿如何观察、解说操作方法等。

运用讲解法时要做到:① 抓住重点、难点和关键点,深入浅出,必要时适当重复。② 语言准确、清晰、简练、形象、生动、通俗易懂,符合幼儿理解能力和接受水平,能引起幼儿兴趣。③ 条理清楚,便于幼儿记忆。

(3) 故事法

故事法是指教师为了生动地向幼儿传授相关知识,多以故事的形式对幼儿进行教育的方法。故事法的优势在于其内容生动形象,容易吸引幼儿,有助于促进幼儿的无意注意向有意注意转化;故事内容易于理解,有助于促进幼儿理解力、记忆力、想象力、判断力和口语表达能力的综合发展。故事法是幼儿园运用较为普遍的方法。

运用故事法要做到:① 结合教学进行时,要有明确的教育目标和教育计划。故事法是手段,通过故事要传递的知识、技能等才是目的。② 运用多种多样的故事表达形式,如口述、听录音、多媒体演示、情境表演等。

(4) 谈话法

谈话法也叫问答法,是指教师根据幼儿已有知识经验提问,通过师幼对话,引导幼儿得出结论,借以获得新知识或检查知识、巩固知识的一种教学方

法。谈话法的优点在于容易集中幼儿注意力,激发幼儿积极思维活动,发展语言表达能力。教师通过谈话,促进师幼互动,也便于教师直接了解幼儿对知识、技能的掌握情况,获得教学的反馈信息,这是发挥谈话法作用的关键所在。

运用谈话法时要做到:① 在幼儿已有知识经验基础上进行;② 所提问题经过周密思考,围绕主题、紧扣目标、具体明确、富有启发性与逻辑性,既面向全体幼儿,又照顾个别幼儿;③ 教幼儿倾听问题,回答问题声音洪亮,培养回答问题的能力和良好习惯;④ 倾听幼儿回答,及时肯定、补充,做出明确结论,鼓励幼儿向教师质疑。

(5) 讨论法

讨论法是在教师指导下,幼儿以全班或小组为单位,围绕某些问题进行讨论,获得知识或巩固知识的一种教学方法。讨论法的优点在于,由于全体幼儿都参加活动,可以为幼儿提供发表自己看法的机会,有助于幼儿集思广益、互相启发、互相学习,加深对学习内容的理解;还可以激发幼儿学习的兴趣,活跃思维,提高幼儿学习的独立性。为了讨论法的顺利开展,需要幼儿对相关问题具备一定的基础知识和一定的理解能力、独立思考能力。

运用讨论法时要做到:① 摸底了解幼儿的相关知识经验;② 提供给幼儿讨论的问题要有趣味,能让幼儿结合自己的经验"有话说"、"愿意说";③ 教师在幼儿讨论时要善于启发和引导;④ 在讨论结束时教师要进行总结。

综上所述,各种教学方法都有其优点和局限性,在教育教学活动中,很少有某个教学方法单独发挥作用的。只有各教学法相互联系,互相配合,才能在教学中发挥出积极有效的作用。另外,我们也要在不断探索和实践的过程中,使教学方法的内容更丰富、更科学,才能取得优良的教学效果。

(二) 幼儿园教学方式类型[①]

从教师发挥作用的不同,将教的方式大体归为三种类型:一是直接教学,二是间接教学,三是支架式教学。

1. 直接教学

直接教学是一种以教师为中心的策略,表现为教师直接、明确地传递教育意图。这是一种明确、简捷、有序、迅速的教学方式。幼儿在其中的学习基本是一种接受学习。直接教学法最适合于事实、规则和动作序列的传授。

---

① 参见冯晓霞.幼儿园课程[M].北京:北京师范大学出版社,2001:98 - 100.

直接教学在以下几种情况下多为教师采用,也比较有效[①]:

- 对幼儿进行人类优秀文化传统的教育,使幼儿能在短时间内获得人类用漫长时间创造的大量精神财富。
- 社会的观念、行为规范、约定俗成的规则等的教授,让幼儿能更快地适应社会生活,向社会要求的方向发展。
- 必需的社会知识或概念,与健康生活有关的安全、卫生等常识,周围环境的有关信息的传递等,不仅使幼儿能高效率地获得比较系统的有条理的知识,不必事事由自己去亲自尝试,而且还能免遭尝试可能带来的危险。
- 某些技能的传授,如工具、物品的使用方法的讲解和指导。

但是,直接教学主要是借助于语言讲解进行的,不太符合幼儿的学习特点,对幼儿情感的发展、认知经验的获得、动作技能的形成效果不佳,也较难发挥幼儿的主体性、培养他们成为主动的学习者。因此有较大的局限性,不宜滥用。运用时要特别注意直观性原则,并与间接教学方式相互配合。

2. 间接教学

间接教学是教师通过适当的中介,迂回地传递教育意图的方式。教育意图不直接通过教师,尤其是不直接通过教师的语言而借助于教学环境的中介作用传递给幼儿,是间接教学的最大特点。间接教学中幼儿的学习方式以发现学习为主。

在间接教学中,幼儿可能意识不到教师的意图,感觉不到"学习任务",但只要他们进入了教师精心创设的教学环境,在其中游戏,主动而自主地操作、探索、交往,那么,就会于不知不觉中获得教师希望他们获得的学习经验,向着教育目标规定的方向发展。这种方式使教育十分接近幼儿的生活,甚至与幼儿的生活完全融合在一起,所以显得特别自然。在这种情况下,无意学习、发现学习是幼儿运用的主要学习方式。

间接教学经常借助的中介环境有两类:物质环境和人际环境。

以物质环境为中介,主要表现为把教育意图客体化为幼儿可以直接接触、摆弄、操作的材料环境中的物质材料,并提供适宜的活动空间,诱发幼儿与物

[①] 引自李季湄,肖湘宁.幼儿园教育[M].北京:北京师范大学出版社,1998:62.

质环境的互动,通过各种活动使之获得关键性的学习经验,以达到预期的教育效果。

以人际环境为中介,主要表现为把每个幼儿、每位成人都既视为学习的主体,又视为教育的资源。交往中,每个人的行为都可以被他人认识、理解,每个人也都可以认识、理解他人;每个人都可以形成对他人及其行为的看法、态度,每个人也都可以感受到他人对自己的看法、态度。与此同时,幼儿逐渐通过模仿、同化、强化等学习方式,获得一些基本的社会态度、社会知识、社会技能,形成对人、对事、对己的情感态度和行为方式。

应当注意的是,以物质环境为中介和以人际环境为中介这两种手段不是截然分开的,实践中它们常常交织在一起,并相得益彰,创造出"1+1>2"的效果。比如,为了培养幼儿团结、合作的优良品质,教师就可以在活动区投放一个人玩不起来,需要几个人合作才可以玩的玩具和材料,让幼儿通过实践活动感受合作的意义,体验合作的快乐。

间接教学虽然比较符合幼儿的学习方式和特点,有利于幼儿的主动学习,但它也有明显的不足:幼儿通过这一方式进行的学习往往难以深入,所获经验一般也比较零碎、表面,甚至会产生错误的认识,学习的有效性难以保障,因此,教师的引导是非常重要的。但这种引导对教师的要求很高,比直接教学困难得多。一旦教师不能把握好引导的"度",间接教学就可能会走向两端:要么放任自流,要么高度控制,难以取得理想的效果。

为了弥补间接教学的缺陷,一方面需要与直接教学适当结合,另一方面需要提高教师的引导策略。近年来流行的"支架式教学",对教师教学策略的改进十分具有启示作用。

3. 支架式教学

"支架"一词原本指建筑行业中的"脚手架"。在这里,它是一个比喻,喻指教师为儿童主动建构知识、解决问题能力的发展而提供的概念框架。形象地说明了教师与儿童之间在最近发展区内有效的教学互动:儿童的"学"好像一个不断建构着的建筑,而教师的"教"则像一个必要的"脚手架",支持儿童不断建构自己的心灵世界。

从这个比喻中可以看到,支架教学首先肯定儿童的学习是一个主动的过程,儿童原有经验和发展水平是学习的基础。同时,为了确保学习的有效性,教育者必须事先把复杂的学习任务加以分解,再通过逐一提出挑战性任务和提供必要的支持,引导儿童不断借助支持,逐渐达到独立完成任务的水平。这里,设置问题情景,提出具有挑战性、能引发幼儿新旧经验之间冲突的任务,引

第四章 幼儿园课程实施

导幼儿意识到问题和冲突,并提示解决问题的线索,便成为教育者有效的支架行为。

让我们看一位教师对幼儿建筑游戏"搭高速公路"的指导:

> 几个男孩在搭建高速公路。我开着车停下来问:"我的车在哪里交费?""对不起,还没建好呢,请过一会儿再来!"……我注意到他们只搭了两条同向通行的车道,于是又问:"回来时我从哪里走?"孩子们一看不对劲儿,"哎呀!对面来的车要是也从这儿过,不是要撞上了吗!赶快在旁边搭条反向的车道吧!"可是,建筑区已经没有地方了。孩子们你看我,我看你,不知如何是好。我在旁边出主意:"有没有什么资料可以查一查啊!"一句话提醒了他们。一位小朋友从一幅公路图片上受到启发:"我们可以像搭立交桥似的,搭一个立体双层公路收费站!"

在上述案例中,教师通过提问"我的车在哪里交费?""回来时我从哪里走?"等,抛出一个个具有挑战性的任务,引导幼儿的学习不断深入;当幼儿一筹莫展时,教师提醒幼儿:"有没有什么资料可以查一查啊!"又给出了解决问题的线索。这样,教师的几个问题就像一个支架,把孩子的经验提升到一个新的水平。

总之,各种教学方式都有其适宜的应用场合与条件,没有固定不变并且普遍适用的教学方式。在选择教学方式时,教师不仅要考虑幼儿的学习方式和特点,也要考虑教学的目标和内容,还要考虑幼儿园环境设备等条件。因此,衡量一种教学方式应用得是否合适,关键是看能否促进幼儿主动而且有效的学习。而且,多种方式的结合与互补,是比较适宜的。

第四节 幼儿园课程实施途径

幼儿园课程是通过幼儿园一日生活中的教育活动来实施的。所以,对幼儿园教育活动类型以及每一类型内涵的理解,是幼儿园教师有效实施幼儿园课程的前提。

一、幼儿园课程实施的主要途径

幼儿园教育具有多途径的特点。我国幼儿园教育的途径归纳起来,至少包括以下几种:

(一) 教学活动[①]

教学活动,即教师专门组织的教育活动,这是狭义的教育活动。它指的是教师按照明确的课程目标和课程内容,有计划、有组织、循序渐进地引导幼儿获得有益的学习经验的一种教育途径。无论课程内容是以分科形式、广域形式、单元主题形式还是其他何种形式组织的,这里我们都把它称为教学活动。

相对而言,教学活动具有目标明确、内容精选、计划性强、教师的组织指导作用明显等特点。这类活动的主要作用在于帮助幼儿获得新知识、新技能,并整理、扩展、提升幼儿的已有经验。

(二) 游戏活动

对幼儿教育工作者来说,游戏在幼儿身心全面发展中的价值与功能已是不言而喻的了。作为一种幼儿最感兴趣、最能发挥并发展其主体性的活动形式,在强调培养学习者的创新精神和实践能力、全面提高学习者的基本素质的今天,游戏的教育功能更应该受到重视,使它真正成为幼儿园教育的基本途径。但需要注意的是,重视游戏的教育功能,把它视为教育的重要途径,目的是要给幼儿充分的游戏自由,让他们在享受游戏的自由和快乐时自然地获得发展,而不是把游戏简单地变为教学,否则,游戏就会变质,其教育价值相应也就会大打折扣。

(三) 日常生活和常规性活动

日常生活和常规性活动,指的是教师专门组织的教学活动和游戏以外的幼儿在园的所有活动。包括幼儿的各种自由交往、户外玩耍等;也包括幼儿的日常生活和常规性活动,前者如入(离)园、进餐、盥洗、如厕、午睡、起床等,后者如做操、各种值日活动(整理卫生、气象报告、植物生长记录、班级新闻报道)以及转换活动。

幼儿园的教育目标和内容中有很多是通过日常活动和生活环节完成的,尤其是幼儿的文明卫生习惯、生活自理能力以及一些社会行为规范方面的目标和内容。特别要考虑到幼儿教育的养成教育的性质以及幼儿每天在园时间

---

① 参见冯晓霞.幼儿园课程[M].北京:北京师范大学出版社,2001:78-79.

的比例,日常生活和常规性活动应该成为幼儿园教育的一个重要途径。

(四)学习环境

环境是一个重要的教育途径。它的教育作用是潜在的,同时又是无处不在的。环境会说话,能影响儿童的行为、态度和情绪,进而影响其个性特征。因此,《幼儿园工作规程》中明确地指出要"创设与教育相适应的良好环境",这个良好环境既包括物质的,也包括精神的。优美整洁的院落,宽敞安全的场地,明亮温馨的活动室,教育价值丰富的操作材料,和蔼可亲的老师……都在不知不觉地陶冶着幼儿的心灵,实现着其他教育途径所不能实现的教育目标。

(五)家园合作

幼儿的发展是幼儿园、家庭、社会多方面教育影响力"汇合"的结果。家庭和幼儿园是幼儿生活、学习的主要场所。幼儿的发展可以说是整合两种场所所获得的学习经验的结果。家园合作,可以使来自两方的学习经验更具一致性、连续性、互补性:一方面,幼儿在园获得的经验能够在家庭中得到延续、巩固和发展;另一方面,在家庭获得的经验能够在幼儿园学习过程中得到运用、扩展和提升。

因此,为实现幼儿教育的目标,我们应该树立"大教育"的观念,与家庭建立起新型的合作伙伴关系,相互尊重、相互支持、真诚合作。同时,家长与教师之间的密切伙伴关系,会使幼儿产生安全感、信任感,形成参与社会生活的积极态度。

【拓展阅读】
- 幼儿园课程建设与实施
- 幼儿园课程游戏化
- 幼儿园课程中的家长参与

第五章 幼儿园课程评价

幼儿园课程评价是幼儿园课程设计和实施的组成部分,也是学前教育评价的重要内容。在整个课程评价体系中,幼儿园课程评价特征鲜明、地位独特,本章全面探讨其含义、标准、模式方法和原则等问题。首先来看何谓"课程评价"。

第一节 课程评价含义

就本质而言,评价(evaluation)是指个人或团体对某一事件、人物或历程的价值判断活动,是对客体满足主体需要程度的判断。完整的评价活动包含三个层面:第一,提出有意义的问题;第二,收集信息以回答这些问题;第三,阐释结果。[1]

课程评价(curriculum evaluation)作为一个独立的领域,20世纪60年代以来逐渐从教育评价中分化出来,并受到越来越多的关注。不同时期的中外学者归纳了"七个方面"的课程评价:[2]

(1) 将课程评价视同为测验,以学生在测验中所得的分数为准。例如桑代克、埃贝尔(B. Ebel)等人即认为课程评价是优点的判断,有时完全基于测验分数。[3]

---

[1] 钟启泉,汪霞,王文静.课程与教学论[M].上海:华东师范大学出版社,2008:250.
[2] 参见钟启泉,汪霞,王文静.课程与教学论[M].上海:华东师范大学出版社,2008:250-251;潘洪建,刘华,蔡澄.课程与教学论基础[M].镇江:江苏大学出版社,2012:322-323.
[3] [美]拉尔夫·泰勒著,施良方译.课程的基本原理[M].北京:人民教育出版社,1994:85.

(2) 课程评价"实质上是一个确定课程与教学计划实际达到教育目标的程度的过程"。(泰勒,R. W. Tyler)①

(3) 把课程评价理解为给课程决策提供信息的工作,属于非判断性描述。(克隆巴赫,J. Cronbach;斯塔夫尔比姆,D. L. Stufflebeam)

(4) 课程评价是"评估课程价值和效用的过程"(凯利,A. V. Kelly),是"研究一门课程的某些方面或全部的价值的过程"(桑德斯,J. R. Sanders),"就是要就某些价值评估不同课程方案的长短,评价的主要问题在于抉择的焦点、复杂性和综合性"(艾斯纳,E. W. Eisner)。

(5) 课程评价是"研究课程价值的过程,是由判断课程在改进学生学习方面的价值的活动构成的"。(施良方)

(6) 课程评价是在课程开发过程中通过对课程价值的调查、分析、协商、判断,逐步达成共识,促进课程不断改进和发展的反馈调节系统。

(7) 评价是一种政治活动,不仅检视课程的效率和管理课题,也理解评价所涉及的道德及美学含义,并探讨谁会从中受益。

课程评价的概念从偏重量化的测量、粗糙的定性,再到逐步重视定量与定性、效用与价值判断、描述与形成决策的统一,反映了人们对课程评价认识的深化,也从不同角度揭示了课程评价的本质特征:判断课程的效用和价值。

总之,课程评价是根据一定的标准、运用科学的方法收集课程系统的信息,并对课程编制、课程实施与课程开发产品做出价值判断的过程。课程评价具有优化课程设计、选择课程方案、促进课程实施等功能。②

第二节　幼儿园课程评价含义

幼儿园课程的设计,从目标的制定、内容的选择、活动的设计、课程的实施到教育结果的产生,过程是否完善,是否有效地促进了幼儿的发展,是否较好地实现了课程目标,等等,均依赖于评价。因此,评价被看作幼儿园课程的基

---

① 黄政杰.课程评鉴[M].台北:师大书苑公司,1990:14.
② 潘洪建,刘华,蔡澄.课程与教学论基础[M].镇江:江苏大学出版社,2012:323.

本要素之一。[①]

一、如何定义"幼儿园课程评价"

幼儿园课程评价是了解幼儿教育的适宜性和有效性、调整和改进课程设计与实施工作、促进儿童发展、提高教育质量的必要手段,既是课程运作的"终点",又是课程继续完善的起点,伴随课程运作的全过程。

学者对幼儿园课程评价有着大致类似的理解,如:

(1)幼儿园课程评价是针对幼儿园课程的特点和组成成分,分析和判断幼儿同课程价值的过程,即评估由幼儿园课程的影响所引起的变化的数量和程度。[②]

(2)学前课程评价是针对学前课程的特点和组成要素,通过收集和分析比较系统全面的有关资料,科学地判断学前课程的价值和效益的过程。[③]

(3)幼儿园课程评价就是一种以幼儿园课程为评价对象的特殊的认识活动,它是针对幼儿园课程的特点和组成要素,收集相关信息,对幼儿园课程的价值、适宜性、效益作出判断的过程。[④]

(4)学前课程评价,即采用系统的方法收集和分析有关课程的资料,并根据资料证据,回答一系列有关课程运行和效果的问题。[⑤]

(5)课程评价作为幼儿园教育活动的基本反馈机制,是深化课程改革,提高教育质量的必要手段。[⑥]

结合《幼儿园教育指导纲要(试行)》的基本思想,笔者认为幼儿园课程评价就是对于幼儿园课程的价值取向、课程目标、课程内容、实施过程以及获得效果多角度、多方法的专业性判断,其根本目的在于优化幼儿园课程结构、促进幼儿身心发展、提高幼儿园教育质量,同时也是幼儿园教师自我成长的重要途径。幼儿园课程评价作为一种特殊的认识活动,尤其注重持续性(全过程)和整体性(全方位),要求做到针对幼儿教育的特点和组成要素,通过收集和分析全面系统的有关资料,科学地判断幼儿教育的价值和效益。

---

① 高岚,申荷永.学前教育学——原理与应用[M].北京:中国和平出版社,1991:120.
② 朱家雄.幼儿园课程的理论与实践[M].上海:华东师范大学出版社,2010:113.
③ 参见王坚红.学前教育评价——理论·方法·实践[M].北京:人民教育出版社,1994:228;康建琴.学前课程理论与实践[M].北京:中国广播电视出版社,2007:254.
④ 王春燕.幼儿园课程概论[M].北京:高等教育出版社,2007:128.
⑤ 王坚红.学前教育评价——理论·方法·实践[M].北京:人民教育出版社,2011:227-228.
⑥ 虞永平,彭俊英.对我国幼儿园课程评价现状的分析和建议[N].人民教育,2003,11:23.

二、幼儿园课程评价的对象

幼儿园课程评价的范围通常包括五个方面:幼儿园课程的目标评价、对课程方案本身的评价、幼儿园课程的内容评价、幼儿园课程的实施评价和幼儿园课程的效果评价。

1. 课程目标评价

评价幼儿园课程目标的意义在于用专业的手段来了解预期结果与现存结果之间的差距。预期结果即欲达到的目标,反映出幼儿教师希望通过此次课程幼儿获得或养成的知识、技能以及情感态度价值观;而现存结果是此次课程结束后幼儿实际的习得。通过这样的对比与评价,方能对幼儿园课程的目标进行调节,以便更加符合实际情况。

2. 课程方案评价

对课程方案本身的评价,主要是考察和评定幼儿园课程所持有的基本理念是否与幼儿园教育实际状况相契合;考察和评定幼儿园课程的目标、内容、方法和评价等是否在课程理念的统合之下形成一个协调的整体,并发挥其总体的功能。也就是说,该评价主要是指教育主管部门或幼儿园在比较选择课程时,对备选课程方案的课程理念、课程结构、课程资源等要素的科学性、合理性、可操作性等特点进行分析和判断,以便决定是否采用或推广。

3. 课程内容评价

幼儿园课程的内容包括知识、技能与价值,对于幼儿园课程的内容进行评价能够帮助幼儿教师对幼儿的兴趣与需要有深刻的了解,能够更准确地判断课程内容的适宜性、实用性,以帮助幼儿成长。

4. 课程实施评价

幼儿园课程的实施是一个复杂而持续的过程,在这个过程中幼儿教师会遇到诸多阻碍(如意料外的突发情况等),幼儿教师对于课程的实施水平有赖于其消除障碍的能力。对课程实施过程的评价,主要是考察和评定课程实施过程中的诸多动态因素,如师生互动的质量、幼儿和教师在课程运行过程中的态度和行为、幼儿同环境的创设和利用,以及动态变化中的各种因素之间的关系,等等,是为了帮助幼儿教师对课程内容的组织与实行进行不断的修正,以达到预期的课程目标。

通过对课程实施过程的评价,教师可以动态地了解幼儿对课程的适应状况,发现课程的问题,及时调整课程。对实施过程的评价,教师主要是通过不

断反思、发现课程目标、课程内容和教育教学方式与幼儿的发展水平的适应程度来实现的。

5. 课程效果评价

课程效果,有的是显性的,有的是隐性的;有的是长效的,有的是短效的;有的是预期的,有的是非预期的。幼儿园课程的成效指的是达到预设课程目标(知识与技能掌握情况)的程度。课程的效果主要通过幼儿的发展、教师行为这两个方面做出评价。而评价幼儿的发展,"不只是评价他们掌握与课程有关具体知识的情况,更重要的是评价他们在学习活动过程中的态度、方法、行为方式等"。例如在"沉浮"的科学活动中,不光要评价幼儿是否知道"沉浮"这一科学现象和概念,更应当评价幼儿在初步探索物体"沉浮"现象的过程中,采用了什么方法、使用了哪些材料、提出了哪些问题,以及幼儿的兴趣、专注、耐心的态度等。这些品质才是影响幼儿终身发展的因素。①

三、幼儿园课程评价的作用

幼儿园课程评价的作用包含两个向度。从课程编制的角度看,可以满足教师、课程专业人员、幼儿园行政管理人员及其他负责课程编制人员的需要,通过课程评价,检验或完善原有的学前课程,或者开发和发展新的课程。从课程管理层面看,课程评价可以满足幼儿教育政策制定者、幼儿园行政管理人员及社会其他成员获得教育方面信息的需要,以此作为对学前课程质量的鉴定或推广的依据,以便管理课程,做出影响课程的各种决策。

有学者将幼儿园课程评价的作用归纳为如下五个方面:②

1. 选择作用

课程评价可以帮助教师选择更好的课程。幼儿教师在对幼儿实施恰当的教育之前,都要通过课程评价手段来了解幼儿的现有发展水平和需要,确定幼儿的最近发展区,从而找到课程实施的起点。教师也需要考虑家长对幼儿教育的认识水平和需求,来确定课程的内容。教师可能还需要对多种现成的课程方案的价值进行评估。当教师掌握了有关幼儿发展需要、社会需要以及现有课程方案的价值的相关信息时,就可以对多种课程方案做出合理的选择。课程评价的选择作用通常体现在课程系统运作的开始阶段。

---

① 李季湄. 幼儿教育学基础[M]. 北京:北京师范大学出版社,1999:201.
② 王春燕. 幼儿园课程概论[M]. 北京:高等教育出版社,2007:131-132;李季湄. 幼儿教育学基础[M]. 北京:北京师范大学出版社,1999:199-204.

2. 监控作用

课程评价可以帮助教师和管理人员监督控制教育、教学过程。监控作用的发挥主要是通过对课程实施过程中各相关要素的运行情况进行跟踪,随时发现问题,做出及时的调整,使课程实施过程朝着预定的目标方向前进。

3. 总结作用

当一个课程实施过程结束,需要通过课程评价所提供的信息来全面总结预定目标的达成情况及课程实施的效果,找出课程系统运作中的经验和存在的问题,为新一轮的课程实施提供借鉴。

4. 反馈作用

课程评价作为教育过程的一种反馈机制,它既是课程系统运作的终点,又是新一轮课程运作的起点。反馈作用的发挥不是课程系统自发的功能,它是教育者有意识、有目的地运用课程评价所提供的总结性信息来反思自身教育行为的结果。

5. 导向作用

幼儿园课程评价的价值或效益具有鲜明的方向性,会对幼儿教育的实践产生直接的导向作用。"例如对教学活动的评价,如果我们只以幼儿获得知识技巧的多少来评价教学效果的话,就会引导教师忽略在教学过程中培养幼儿的态度与情感,不重视幼儿主动参与活动,不重视发展幼儿的创造性,而热衷于采用'满堂灌'、'骑兵式'的教学形式,让幼儿死记硬背,机械模仿,反复训练。因此,评价的导向作用是十分重要的,必须依据正确的教育观来确定评价标准。"[①]管理者应重视幼儿园课程评价的导向作用,从而传播和推广先进的教育理念和实践。

四、幼儿园课程评价的目的

《幼儿园教育指导纲要(试行)》言简意赅地指出:评价的目的是了解幼儿的发展需要,以便提供更加适宜的帮助和指导。因此,幼儿园课程评价的根本目的在于通过对课程的诊断,了解课程的适宜性、有效性,为修正、调整和完善课程乃至推广课程提供科学依据,从而提高幼儿教育的质量,促进幼儿的全面发展。具体有三个方面:一是了解学前课程的目标是否实现,二是了解学前课

---

① 李季湄. 幼儿教育学基础[M]. 北京:北京师范大学出版社,1999:200.

程本身是否合适,三是对学前课程进行管理,包括选择、推广课程和学前课程的质量鉴定等。①

其实,在课程系统运行的不同阶段,各有具体而不同的评价目的。②

1. 课程方案形成之前评价的目的:需要与选择

(1) 需求评估。包括通过评价了解幼儿的发展现状和需求以及社会需求。需求评估可以为课程方案制订提供重要的依据,可以增强课程方案的针对性和适应性。

(2) 比较与选择课程。课程方案既可以由幼儿园自己开发,也可以在已经出版的一些课程方案中去选择。选择之前就需要对备选的课程方案做出分析和评价。"通过评价可以比较其在目标设置、内容实施、教学实施以及实际效果等方面的优势,从整体上判断其价值,再结合需要评估,对课程做出选择。"③

2. 课程方案实施阶段评价的目的:诊断与修订

"一个好的课程需要通过评价不断地调整与完善,以达到不断接近教育目的的最佳教育效果。"④通过课程评价,可以诊断原有课程的不足和问题,找出问题存在的原因和影响因素,为课程的进一步调整和改进提供充分的依据。

3. 课程方案实施后评价的目的:了解和判断

(1) 了解课程目标的达成程度。课程方案实施结束后,课程评价可以帮助教师判定其结果,并通过与预定的目标作比较和对照,判断课程目标的达成程度。

(2) 判断课程的成效。"一项课程或教学计划在实施后究竟收到哪些成效,可以通过评价全面衡量,作出判断。这种判断不同于上述对目标达成程度的了解,而是对效果的全面把握,包括对那些预定目标之外的效果的把握。"⑤

五、幼儿园课程评价的类型

根据不同的评价标准可以把课程评价划分为不同的类型,需要指出的是,

---

① 参见刘晓东、卢乐珍等. 学前教育学[M]. 南京:江苏教育出版社,2004:402;曹能秀. 学前比较教育[M]. 上海:华东师范大学出版社,2009:122-123.
② 王春燕. 幼儿园课程概论[M]. 北京:高等教育出版社,2007:129-131.
③ 彭俊英. 对构建幼儿园课程评价方案的粗浅思考[J]. 学前教育研究,2003,(7):45.
④ 李季湄. 幼儿教育学基础[M]. 北京:北京师范大学出版社,1999:199.
⑤ 彭俊英. 对构建幼儿园课程评价方案的粗浅思考[J]. 学前教育研究,2003,(7):45.

各类评价之间都是相互渗透、有机结合的,互相补充方能增强评价的有效性与准确性。

1. 根据评价的功能或时间可分为形成性评价与终结性评价

(1) 形成性评价(formative evaluation),也称过程评价,是在课程系统运作、发展过程中收集课程各个要素的相关材料,加以科学分析和判断,以此调整和改进课程方案,使正在运作中的课程更为完善的一种评价方式。在课程设计阶段和早期试验阶段,通过评价发现课程指导思想、课程框架结构、教育目标的确立、教育活动的设计等方面的问题,并及时加以修正。在课程实施阶段,通过评价诊断课程在实施中的有效性和适宜性,发现课程的优势与不足,逐步修正或改革课程,逐步使课程完善、定型,从而更好地为幼儿的发展服务。同时,通过评价课程的示范和推广过程更加科学,更切合课程采纳者的实际需要。形成性评价体现了人们对课程运作过程的动态把握,具有行动研究的性质。

(2) 终结性评价(summative evaluation),也称总结性评价、结果评价。它是一种对课程实施以后所获得的实际效果进行验证的评价方式。终结性评价一般只涉及课程实施的结果,不涉及课程实施的过程,是事后的评估,"旨在验证课程的成功程度和推广价值"[1],为各级各类决策者提供信息。

2. 根据评价的方法可分为定性评价和定量评价

(1) 定性评价是评价者用语言文字作为收集和分析评价资料,呈现评价结果的主要工具的评价方式。"定性评价来自社会学和人类学的传统,强调对现象的描述、解释和归纳;具有人文主义的价值判断倾向。"[2]

(2) 定量评价是评价者收集被评价对象的数量性的实证信息,强调用数量化指标来显示评价结果。"定量评价来自于自然科学和心理学的实验传统,强调实证的求知方法,以评价结果为焦点力求精确地测量资料,强调评价的可靠性和推断性;具有科学主义的价值判断倾向。"

3. 根据评价主体的不同可分为内部评价和外部评价

(1) 内部评价(insider evaluation)或自我评价,是指由幼儿园内部或教师本人对照课程评价标准,对园内或教师自己的课程实施状况与效果做出分析

---

[1] 朱家雄.幼儿园课程[M].上海:华东师范大学出版社,2003:162.
[2] 本小节此处及以下未注明引文分别见王坚红.学前教育评价——理论·方法·实践[M].北京:人民教育出版社,1994:273,8,9,31-33.

和判断的一种评价方式。内部评价可以使评价过程成为教师自我认识与提高的途径,有利于改进工作。

(2) 外部评价(outsider evaluation)或他人评价,是由有关人士或专门人员组成评价小组,对幼儿园课程的整体实施状况作出判断的一种评价方式。外部评价的作用通常是为教育主管部门有效管理课程提供决策信息。

4. 根据评价对象的范围可分为整体评价、局部评价、单纯评价

(1) 整体评价,指对全国、某一地区或某个幼儿园的课程运行状况进行整体评估。如对北京市所有使用"幼儿园快乐与发展课程"的幼儿园进行质量评估。这种评价范围广、影响因素较多,难度较大。

(2) 局部评价,指对全国、地区幼儿园课程的某一方面或某幼儿园内部课程的某个方面进行评估。如对北京市幼儿园课程资源状况的评估。此类评价虽只是针对局部进行,但也应尽量对评价对象做出综合性的分析和判断。相对于整体评价,该评价比较简单易行。

(3) 单纯评价,指对更为具体、微观的课程要素的某个方面进行的评估。如幼儿创造性发展评估、幼儿教师课程设计能力评估等。此类评价最简便易行。

5. 根据评价的参照体系可分为相对评价、绝对评价、个体内差异评价

(1) 相对评价,即"在某一类评价对象中选取一个或若干个作为基准,将该类对象逐一与基准相比较,判断其是否达到基准所具备的特征及其程度"。例如,将某个示范园的幼儿教师的教育观念水平作为基准,把本地区同类层次幼儿园的教师状况逐一与基准进行比较,评价其达到基准的程度以及在群体中的相对位置。

(2) 绝对评价,即"以某种既定的目标为参照,目的在于判断个体是否达到这些目标"。该评价不计个体在群体中的位置,只考察个体达到标准的程度。例如,某市教育主管部门使用本市幼儿园分级验收标准,对某幼儿园进行验收,就属于绝对评价的类型。

(3) 个体内差异评价,是将评价对象的过去与现在进行比较,或将评价对象的各个方面进行比较。例如,将全班幼儿入园初期的数概念发展水平与学期末数概念发展水平相比较,判断其进步程度和教学效果,就属于此类评价。

6. 根据评价的作用可分为实验性课程评价和描述性课程评价

(1) 实验性课程评价。实验性课程评价是对已经成型或比较成熟的某种课程进行全面的评价,并与另一种或几种其他课程加以比较,以确定某种课程

的价值和效果。由于教育课程的效果机制的复杂性,这种实验性评价需要高度的专业知识与经验以及大量人力财力的投入,在获取有效性与可行性方面有较大的难度。

(2) 描述性课程评价。描述性课程评价在于改进正在发展阶段的课程,及时发现优缺点以便及时改进,在课程的发展过程中反复持续进行若干个"尝试—评价—重新设计"的循环往复过程;比较相互竞争的课程(由于不同课程各自的目标不同,故而对此种比较有所争论),为选择课程者提供更为有根据的决策的依据;增进关于课程有效性的知识,弥补仅根据假设检验而作的评价研究的不足。

7. 根据评价的目的可分为决策性评价、研究性评价和工作性评价[1]

(1) 决策性评价是以教育行政部门为主体,关注学前课程的根本性问题。例如学前课程的价值如何、社会效益怎样,在促进受教育者发展方面所起的作用又如何等,要对运行中的学前课程价值与合理性作出判断,以便对有关重大改革或调整做出决定。决策性评价往往会产生大规模的学前课程改革方案和行为,属于总结性评价。

(2) 研究性评价以学前课程理论工作者为主体,同样关注学前课程的价值与合理性,同样为学前课程改革和调整服务。与决策性评价不同的是,它更重视导致各种结果的内在原因,并对这些原因进行深入细致的分析,以便获得学前课程改进、提高、完善所需要的更为具体的资料信息。

(3) 工作性评价以学前课程实施者也就是教师为主体,目的在于对正在实施的学前课程是否达到既定目的和质量作出判断。这样的评价通常对于学前课程的合理性不予关注,或者基本是以肯定学前课程的合理性为前提,主要关注学前课程的直接效果。这种评价经常可以等同于人们平常所说的教学评价,也可以称之为常规性评价。

---

[1] 康建琴.学前课程理论与实践[M].北京:中国广播电视出版社,2007:255-256.

第三节 幼儿园课程评价标准

一、幼儿园课程评价的指导原则[①]

课程评价是教育评价的重要组成部分，一般来说，教育评价活动应当遵循以下原则，这些原则也是幼儿园课程评价的指导原则。

1. 科学性原则

课程评价的设计及指标体系应该科学、客观地反映教育的客观规律。同时，也应经得起教育改革与发展实践的检验。从这个意义上讲，评价体系应该是准确的、规范的和合理的。

2. 人文性原则

首先，评价的执行要尊重个人与群体（教师、学生、编者等）的合理性需求，并要能充分地发挥评价各方的自主性。其次，评价应把学生看作是评价过程的主动参与者，保证学生在评价中有充分的发言权。再次，评价应促进教师的自我评价与对实践活动的反思，尊重和促进教师的专业成长。

3. 完备性原则

首先，评价过程与准则的确定是共同分担的责任，而不是由某一方单独确定，而且，评价尽可能接近学校和课堂。其次，评价程序要考虑到学生、教师及其他教育人员之间的公正性，评价样本也应有代表性。再次，评价既是教学、课程、方案设计、学校与部门的改进、专业发展及其他计划活动的有机组成部分，又是一个独立的领域。

4. 适宜性原则

第一，评价应适合课程标准或大纲规定的预期结果。第二，评价应适合教学改革与发展的需要，并向学生、家长、教师及教与学的行动做出反馈。第三，评价应适合评价各方人员信息的可信性。

---

① 廖哲勋,田慧生.课程新论[M].北京:教育科学出版社,2003:429-433.

二、幼儿园课程评价的标准

从宏观上看,一个国家在一定时期,有大致统一的课程评价标准,它反映了国家幼教课程政策的基本精神,但这样的评价标准通常体现为课程评价的指导思想和原则,评价者还应根据不同的评价目的,制定比较具体的评价标准。①

从一般意义上说,课程评价应当坚持客观、公正和科学化、规范化的评价标准。美国幼儿教育协会(NAEYC)认为,以下要素在课程评价中不可或缺。②

1. 接受该课程的孩子是否放松、愉悦,并积极参与其中

孩子们愉快、放松,在学习和游戏中感到很快乐是一项好课程的重要特点。要看课程的多样性是否符合该年龄段的儿童。在具体的教育实践中,要把"保障孩子的安全"和"为了使孩子自主地成长,活动中不可缺少一定的冒险性"结合起来。教师对幼儿的尝试活动既不要轻易制止或包办代替,也不要强求幼儿一定要做成某种动作。

2. 是否有足够的受过专门训练的教师

孩子越小,越需要个别的关注。一般来说,一个班至少应有2名教师。一个2岁～3岁的幼儿班人数应为10～14人,一个4岁～5岁的幼儿班人数为16～20人。受过幼儿教育和儿童发展专门训练的教师能更好地理解幼儿是如何成长、如何学习的,从而能为幼儿提供更有效的照顾和教育。

3. 成人对不同年龄和有着不同兴趣的幼儿的期望是否有适当的变化

2岁的幼儿与4岁的幼儿有着明显的不同。随着幼儿年龄的增长,课程应给予幼儿不同的玩具和材料,这些玩具和材料又是有助于实现教师对幼儿的期望的。同时,教师和保育员应意识到并尊重幼儿在能力、兴趣、喜好等方面的个别差异。

4. 幼儿各方面的发展是否都受到重视

是否在幼儿的认知发展、社会情感发展和生理发展等方面都花了相应的时间并同等重视。好的幼儿教育课程不仅仅是帮助幼儿学习数字、形状和色彩,同时还应帮助幼儿学习如何提问题并如何发现答案;学会如何与人相处;

---

① 王春燕. 幼儿园课程概论[M]. 北京:高等教育出版社,2007:138-139.
② 邱白莉. 幼儿园课程评价标准中的几个要素[A]. 见:杨晓江. 教育评估纵论:江苏省教育评估院论文集 研究篇[C]. 南京:凤凰出版传媒集团,2007:69-70.

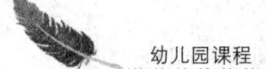

学会如何使用他们正在发展的语言、思维和控制能力。

5. 教师们是否经常一起讨论设计和评价课程

课程设计应反映各种激烈的室外活动和安静的室内活动之间的平衡。在确保引导幼儿按照教师的设计进行活动的同时,还应该保证幼儿有足够的进行独立或团队学习和玩耍的时间。灵活性,也是课程的一个重要方面,教师要乐于随时调整幼儿的日常活动以满足幼儿个体的需要和兴趣。

6. 是否欢迎家长来园参观、参与讨论课程,提供意见

家长和教师的密切交流非常重要,教师应该经常与家长讨论幼儿的优点和长处,并充分尊重各个家庭的文化差异和社会背景。

幼儿园课程评价不是对幼儿一般发展的测定,而是对课程及幼儿发展的把握。因此,课程评价的标准不是源自幼儿的一般要求,而是源自课程所确定的指向幼儿发展的特定目标。幼儿园课程评价的标准是一致与不一致的辩证统一。一致性是指其基础的一致性,即在以幼儿发展为核心价值上是一致性的,任何一个不能充分反映和评判幼儿发展价值的评价标准,也不能真正反映和评判学前课程的价值。不一致性是从具体的作为面对特定层次、区域的课程而言的。由于社会、经济及发展的总体水平的不同,课程设计和实施的不同,以及幼儿现实的发展水平的差异,课程的发展价值实际存在着差异。因此,作为幼儿园课程评价实践的标准应是不同的、多样化的,且能体现不同地区、不同层次的课程学习者的发展差异。因此,评价标准的适用范围与它可能的合理性有可能呈反比关系。①

科学的幼儿园课程评价标准应具有以下五个基本特征:②

1. 准确性

准确性指评价标准能保证所有的信息是需要的、可靠的,确保评价将在技术上揭示和传达决定被评价方案的优点与价值的特征方面的适当信息,克制偏见,客观显示评价计划、程序及结论等的优缺点。

2. 有用性

有用性指评价结果具有实用价值,能为各类对象提供丰富的信息,并对课程的发展、应用和推广有一定的影响作用。幼儿园课程评价讲求实用性,为改

---

① 虞永平.学前课程价值论[M].南京:江苏教育出版社,2002:272-276.
② 郑健成.学前教育学[M].上海:复旦大学出版社,2007:97;曹能秀.学前比较教育[M].上海:华东师范大学出版社,2009:124.

善和提高教育质量提供有用的信息,防止形式化。课程计划是教研人员、教师编制的,教育活动是教师组织、幼儿参与的,幼儿的发展也是课程效果的主要体现,教师和幼儿是整个评价过程中的被评价者。应确保课程评价的结果能为幼儿园、教师、家长和幼儿提供有用的信息,可帮助他们更进一步地认识和了解课程。

3. 可行性

可行性指切实可行,投入的人力、物力适宜有效。选择推广一种课程模式需要通过对课程方案做出理性的分析,或者对其实际效果的评定,以及对课程的性质、特点、适用范围等做出价值判断,以决定是否可以采用、是否值得推广。无论是对国内现行的课程,还是对国外引进的课程,都需要有一定的评价标准,以便决定取舍,以及确保所投入的人力、物力是否适宜有效。只有让教师切切实实感觉到评价过程是一个研究如何改进教育教学工作的过程,他们在这个过程中能够得到帮助和提高,课程评价才具有可行性。

4. 适宜性

适宜性即评价应在日常活动与教育教学过程中,采用自然的方法进行,使幼儿和教师都感到舒适自然,没有压力。在课程评价中,幼儿发展状况既是课程设计的重要依据之一,又是课程效果的主要体现者,因此对幼儿园课程评价无论如何都会涉及对幼儿的评价。但课程评价中,我们讲求的是适宜性原则,评价儿童不是为了鉴别儿童,而是为了检核课程,为了解课程是否适合儿童,是否能有效地促进儿童发展。同时,对教师教育行为的评价也不是为了给教师评定等级、划分优劣,而是为了探讨教育教学的规律,改进教学。有了以上原则,对于幼儿园课程的评价能够更加的客观,也能给予幼儿教师更大的空间来发展幼儿园课程;在达成教学目标的同时,促进了幼儿教师的专业发展,也提高了课程对于幼儿成长的指引作用,从根本上满足了学前教育质量提升的要求。

5. 合法性(适当性)

合法性(适当性)指评价过程应符合社会道德标准、教育机构和个人的权益,目的是要确保评价将是合法地、合乎伦理地进行的,并使那些参与评价的人以及那些受评价结果影响的人的利益得到应有的重视。

各国的社会政治、社会经济和文化传统不同,每个国家内部各地的情况也是千差万别,不存在世界统一的学前课程评价标准。从幼儿园课程价值取向出发,很多国家都选择了将幼儿的全面发展作为学前课程的基本评价标准,即

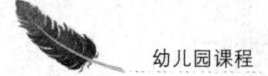

评价一个学前课程以是否真正促进幼儿全面发展为基本目标和评价尺度。

三、幼儿园课程评价的指标[①]

朱家雄指出,作为幼儿园课程评价的标尺,评价指标的确定不是一件容易的事。这是因为,评价指标一定要能够说明课程评价所需要解决的问题,否则,这些评价指标只能是一些多余的、形式化的东西。例如,将儿童发展水平的测量标准作为评价幼儿园课程效果的主要指标,甚至是唯一的指标,那不能理想地说明课程评价所需解决的问题。因为这些指标所发生的变化主要不是由课程引起的。[②]

评价指标则是评价标准的具体化,"是一种具体的、可测量的、行为化的评价准则,是根据可测量或可观察的要求而确定的评价内容"[③]。指标是评价的维度或内容(项目),标准是评价的依据,是评价维度应该达到的水平。指标是对评价标准的进一步细化,与概括性问题的表达方式相比,指标为课程评价提供了便利。它的长处有:便于测量、便于定量处理、容易获得综合性结论、测量过程误差小、信度高;它的弱点是:设计较难、灵活性不强、难以反映被评价对象的特点和社会多样化的需要,效度相对较低。[④]

任何一项课程评价准则通常都由许多指标构成,这些指标的集合形成指标体系。例如:"幼儿发展评估指标系统"中将幼儿发展的指标领域设定为健康与动作、语言能力、认知发展、社会性能力、习惯五个方面;每一个方面又可以进一步细分为多个一级和二级指标。健康与动作方面的一级指标有生长发育(身高、体重、血色素)、身体适应力(发病率)、大肌肉动作(走、跑、跳、平衡、拍球等)、小肌肉动作(画、捏、折、撕、剪贴、穿插等)。又如王坚红等自编的《课程独特性评价工具》中,评价的一级指标有:时间安排、教师情况、组织形式与教育方式、师生关系与互动、教材内容与方法、家长参与情况等。再如项宗萍1995 年提出对教育过程进行评价的一些指标:教师对儿童活动的安排、教师行为、儿童活动的积极性等。[⑤]

评价标准和指标是整个幼儿园课程评价工作的灵魂。评价工作其实就是把幼儿园课程的各个要素和环节的状况与评价标准和指标进行对照,从而对

---

① 王春燕.幼儿园课程概论[M].北京:高等教育出版社,2007:138-139.
② 朱家雄.幼儿园课程的理论与实践[M].上海:华东师范大学出版社,2010:115-117.
③ 彭俊英.对构建幼儿园课程评价方案的粗浅思考[J].学前教育研究,2003,(7):46.
④ 转引自彭俊英.对构建幼儿园课程评价方案的粗浅思考[J].学前教育研究,2003,(7):46.
⑤ 参见朱家雄.幼儿园课程[M].上海:华东师范大学出版社,2003:159-160.

整个课程运作系统做出价值判断的过程。因此,标准与指标的科学性、合理性不仅对评价工作本身起重要的指导和规范作用,而且标准和指标所包含的教育价值观将长期影响幼儿园课程实践,对课程实践具有导向作用。与《幼儿园工作规程》和《幼儿园教育指导纲要(试行)》的基本精神相违背的评价标准和指标,将对幼儿教育产生消极影响。①

第四节 幼儿园课程评价模式

"所谓评价模式是在一定理论指导下,对评价的概念、功能、基本范围、内容、过程和程序的规定。"②国外研究成果中已有许多成功模式值得借鉴。

一、幼儿园课程评价模式概述

(一) 幼儿园课程评价模式的选用③

各种课程评价模式在评价理念和评价操作方式等方面都有所不同,因此,在幼儿园课程评价中具有不同的参考和运用价值。在评价实践中,应根据评价所需解决的问题,选用适宜的课程评价模式。应根据评价的取向以及被评价对象的特征、评价者的条件,特别是评价的目的选用课程评价模式。每种课程评价模式只是为课程评价者提供了评价的思路。在操作层面上,评价者则需针对被评价对象的特点和评价所需解决的问题,制定具体的、具可操作性的评价方案。

各种课程评价模式都有其长处和不足,在实际操作中,可根据需要,借鉴多种评价模式的长处,以克服单一评价模式的不足。换言之,应充分发挥评价者的创造力,以评价的实际需要为出发点,对单一课程评价模式作合理的修正;也可从评价内容或方法等方面入手,综合几种评价模式,使课程评价更趋合理和有效。

---

① 王春燕.幼儿园课程概论[M].北京:高等教育出版社,2007:138-139.
② 沈玉顺.现代教育评价[M].上海:华东师范大学出版社,2002:39.
③ 朱家雄.幼儿园课程的理论与实践[M].上海:华东师范大学出版社,2010:126-127.

(二)幼儿园课程评价模式的分类[①]

1. 目标达成评价模式

目标达成评价模式(goal-attainment model)主要是在泰勒的"评价原理"和"课程原理"的基础上形成的,是属于科学主义取向或目标取向的课程评价。

泰勒的"评价原理"是以目标为中心而展开的,"课程原理"则是在其"评价原理"的基础上,结合课程编制的实践而提出的,包括确定课程目标、根据课程目标选择课程内容、根据目标组织课程内容和根据目标评价课程等四个步骤。

目标达成评价模式的主要关注点是确定课程预设的目标与课程实施的结果之间的契合程度。首先,目标达成评价模式强调评价从目标入手,因此,明确地阐述目标是课程评价的重要一环。这是课程评价者能知道课程目标实际达成程度的基本保证。其次,要确定课程评价的情境,使儿童有机会表现出课程目标指向的行为。再次,特别强调评价的工具和手段,因为它们直接影响评价结果的信度和效度。

目标达成评价模式因为便于操作而又直接见效,曾在课程评价中占领主导地位。但是,这种评价模式强调预期的课程目标,而相对忽视课程实施的前提和过程,以及其他许多与课程预期目标无直接关联的因素;强调评价工具和手段的客观性和可操作性,而相对缺乏对课程目标价值判断合理性的关注,特别是往往将诸如创造性、自主性、好奇性等一些不易测量却有价值的方面排斥在课程目标之外。

2. 目的游离评价模式

目的游离评价模式(goal-free model)主要是想克服目标评价模式通常只考虑预期效应而不考虑非预期效应的弊病,强调评价者应当关注课程实施的实际效果,而不是其预期效应。斯克里文认为,在非预期效应中,有些结果可能是有害的,但此前并未考虑到;预期的目标虽然没有实现,但可能带来重要的非预期目标。因此,评价不应只衡量预期目的的达成程度,否则会在很大程度上缩小评价的范围,使评价的意义打折扣。所以,斯克里文认为评价的重点应是课程计划实际的结果而不是课程计划的预期结果。要对课程做出准确的判断,评价者要详尽地收集有关课程计划实施结果的各种信息。

[①] 参见朱家雄.幼儿园课程的理论与实践[M].上海:华东师范大学出版社,2010:121-126;王春燕.幼儿园课程概论[M].北京:高等教育出版社,2007:147-151;王坚红.学前教育评价——理论·方法·实践[M].北京:人民教育出版社,1994:45-46.

下面的案例可以说明目的游离评价模式在幼儿园课评价中的作用。

  某幼儿园领导与教职工认为本园的目标已基本达到,但未经外部人士的评价,故拟进行一次目标游离式评价,邀请某幼教权威人士,与一个其他园的园主任、一位教师、家长和某教育心理专家一起组成评价小组。在对该园目标并不了解的基础上(未听取有关目标的汇报),评价人员用三天的时间连续观察机构的运行状况,与儿童、家长、教职工等谈话,审阅书面记录与材料。最后根据所掌握的全部资料,写出了评价报告,向该幼儿园提供了相当可观的有关该园工作情况的信息,不仅肯定了有些预定目标的成效与影响,而且指出了一些明显却未预料到的积极或消极影响。

3. 背景、输入、过程、成果(CIPP)评价模式

背景、输入、过程、成果评价模式是决策类型评价模式。它由四类评价组成,即背景评价(Context Evaluation)、输入评价(Input Evaluation)、过程评价(Process Evaluation)和成果评价(Product Evaluation)。从总体上说,它是一种倾向于科学主义取向的课程评价模式。

背景评价是为计划决策服务的,为的是确定课程实施机构的背景,明确评价对象及其需要,明确满足需要的机会,诊断需要的基本问题,判断课程目标是否反映了这些需要。简言之,背景评价强调的是应该根据评价对象的需要,对课程目标作出判断,评定课程目标是否与评价对象的需要相一致。

输入评价是课程计划的可行性评价。它是为构建决策服务的,旨在通过对各种可供选择的课程计划的评价,帮助课程决策者选择达成目标的最佳手段和途径。例如,通过对课程材料、方法、设施、人员等的分析,帮助课程决策者选择适宜的课程资源。

过程评价是为执行决策服务的,主要通过对课程实施过程的实际描述,确定或预测课程本身或实施过程中所存在的问题,从而为课程决策者提供如何修改或调整课程的有效信息。过程评价在课程设计完毕并付诸实施时开始进行,在实施过程中,及时提供有关过程运行状况的信息,发现问题和不足,形成课程改进的决策。

成果评价是为循环决策服务的,旨在测量、解释和评判课程计划的成果,它不只是对课程的最后鉴定,而仍然是对课程质量控制的一种手段。换言之,通过成果评价,收集与结果有关的各种描述和判断,并将它们与课程目标及其

背景、输入方面和过程方面的信息联系起来,从而对它们的价值做出解释。成果评价不仅可在整个课程实施结束时进行,也可在课程实施过程中进行。

CIPP 评价模式因为涉及影响课程计划的诸多因素,比较全面,综合性强,可以在课程发展的任何阶段进行,可为课程决策提供持续往复的信息,对课程决策人员有广泛的服务性功能。但是,这种评价模式没有提供评价者的价值判断,只是通过提供信息,要求决策者作出判断,因此,评价的效能取决于决策者本人。此外,评价的操作过程比较复杂,难以把握,而且评价成本较高。

4. 外观评价模式

外观评价模式(countenance model)主张教育者要考察评价的全貌,是一种倾向于科学主义取向或目标取向的课程评价模式。如表 5-1 所示:

表 5-1 外观评价模式

矩阵 因素	描述矩阵		评判矩阵	
	意图	观察	标准	判断
前提因素				
过程因素				
结果因素				

外观评价模式要求评价者从三个方面收集有关课程的资料。一是前提因素,即在课程实施之前任何可能与结果有关系的条件或因素,如儿童的年龄、知识和经验、智力状况、教育机构的资源、师资条件、课程内容,等等。二是过程因素,即课程实施过程中评价对象的各类活动和交往,如教学活动、游戏、环境气氛以及有关的人际关系(师生关系、同伴关系、教师之间的关系、教师与家长之间的关系等)和人与物之间的关系,等等。三是结果因素,即课程实施所产生的影响。

在获得各种信息之后,即可对它们进行处理。对描述部分的评价资料的处理,可以从两个方面入手:一是指出前提、过程和结果这三个因素之间可能存在的关系;二是考察课程意图与观察之间的一致性,即对意图与观察相对应的信息和资料进行比较,考察在评价过程中的观察是否针对了预期的意图。对评判部分的评价资料进行处理,是先将从描述性评价资料中所获得的结果与某种标准进行比较,然后由评价者对比较的结果进行判断。

外观评价模式注重描述和评判课程在实施过程中所出现的各种动态现象,并将课程实施过程中的前后的资料作为参考系数,因此评价较为周全。但

是,外观评价模式也存在其局限性,例如,将观察和描述作为评价的主要依据,往往会渗入个人的主观因素,又如,由于评价的涉及面广,不仅操作较难,而且耗费较大。

5. 差距评价模式

差距评价模式(discrepancy model)旨在揭示课程计划的标准与课程实际运行状况之间的差距,以此作为改进课程的依据。差距评价模式是一种倾向于科学主义取向或目标取向的课程评价模式。差距评价分以下五个阶段进行:

第一阶段是设计阶段,即界定课程计划的标准,如教育的综合性、课程内部的一致性和系统性、课程的可行性,等等,以此作为评价的依据。

第二阶段是安置阶段,此阶段的任务是收集课程的运行资料,包括所采用的课程目标、前提条件和教育过程,并与界定的评价标准进行对照,了解所执行的课程与计划的课程之间的符合程度。

第三阶段是过程阶段,即要了解导向最终目的的中间目标是否达成,并进一步了解前提条件、教育过程和教育结果之间的关系,以便根据情况对它们做出调整。

第四阶段是产出阶段,在此阶段,要评价课程的实施所产生的实际结果是否完成了最终的目标。

第五阶段是成本—效益分析阶段,此阶段的目的在于通过对已完成的课程与其他相当的课程作比较,确认哪种课程最为经济有效。

差距评价模式关注的是课程计划应该达到的标准(应然)与课程实施各阶段的实际表现(实然)之间的差距,并关注到造成差距的原因,以便及时加以调整,这种形成性的课程评价方式有益于课程改革和发展。但是,差距评价模式在运用过程中,由于自由度大,易产生标准的易变性和不适宜性;在"应然"与"实然"之间,也会涉及许多价值判断的问题。

差距评价模式的根本指导思想是比较分析"标准"和"结果"之间的距离,并在以后的方案中尽量缩小距离。其实质是寻找每一个课程实施环节的差距,这特别有助于把握课程发展的方向,使评价工作真正为儿童的发展服务。但该模式在运行的过程中,参与的人员较多、自由度大、周期长、费用较高。

6. 回应型评价模式

回应型评价模式(responsive evaluation model)更注重对课程过程的评价,而不是注重对课程目标和结果的评价;更注重非正规的、自然的交流和评

价,而不是注重正规的、标准化的评价。在对课程进行评价时,回应型评价关注的是对课程的描绘,而不是标准和目标这类客观资料;采用的是让评价者讲述有关课程计划以及课程实施中的故事等方法,就如评价者在评论一场演出或一幅图画一般。

回应型评价要求评价者预先制定出一个能针对课程的评价计划,组织评价参与者观察、叙述和描绘评价对象,让从不同视角看问题的参与者在报告和对他人的报告做出回应时充分表达自己的感受和价值观,并去发现问题、提出问题和探究问题。评价者要善于协调全体参与者的关系,善于发现、抓住和提出定性研究的重要问题。

7. 描述评价模式

描述评价模式(portraiture model)是一种人本主义取向的课程评价模式,要求课程评价者亲临教育现场,观察课程发生的情况。如通过观摩教育现场的环境、观察教师和儿童的表现、查阅文档资料、进行采访和调查,等等,从中获取有价值的信息和资料,对课程进行初步的描述,即所谓的对实际教育情景的记录。在完成了对课程的初步描述以后,评价者要进行深度描述,即对初步描述的具体内容作说明和解释,并完成评价报告。深度描述包括五个部分:一是描述环境和活动;二是记录和评价系统中相关人员的活动;三是参与对话;四是解释情景;五是记录印象深刻的事件。

每一种模式都有其自身特点和适用范围以及评价理念,它们都可以在幼儿园课程实践中发挥不同的作用和价值。在评价时,应当根据不同的评价目的、需要解决不同的问题,选用适宜的评价模式。由于各种评价模式都有其不足,因此,在实际评价过程中可以把几种模式结合着使用。换句话说,当评价具有不同的目的、对象和内容时,应当在理想的观念和实际的条件之间做出适当的权衡,尤其在学前教育课程研究领域的知识水平尚未达到规律性认识之时,应考虑各种模式用于当前情况的利弊,根据实际情况与需要,考虑选择相应的模式与方法。

二、幼儿园课程评价的过程与方法

由于在评价取向上的不同,不同的课程评价模式在具体的过程和使用的方法与技术上也必然存在差异,所以并不存在规范化、标准化的评价过程与方法。尽管如此,不同的课程评价研究者大都会提到这样一些步骤:集中于所要评价的课程现象、收集信息、组织信息、分析信息、报告信息、再循环信息等。

作为一种实践活动,课程评价是一个动态有序的活动。①

(一) 幼儿园课程评价的一般程序

1. 准备的过程和方法

准备阶段主要工作就是建立课程评价机构和部门,拟订评价方案。

评价机构的人员构成一般应包含三个方面:一是掌握一定课程评价理论、具有一定课程评价经验和技能的专家;二是课程管理与决策部门的人员;三是参与课程实施的教师和学前教育机构领导。有时还可以吸收社区代表、儿童及家长。对于专家的选择,应逐步过渡到建立专家库,从专家库中随机选择专家参与评价。当然这主要适用于综合评价或专家评价的类型。

拟订评价方案是准备阶段的中心或重要工作,其内容主要包括评价的目的、原则、对象、指标体系、评价方法、评价的组织及时间安排。

通过认真仔细的研究讨论,应拟订出一个以书面文字方式表达的评价方案,让课程评价及其管理人员能够按照它来检查与控制、管理课程评价的准备与实施工作,指导评价人员开展、组织和总结评价工作。

2. 收集、整理和分析评价资料的过程和方法

(1) 收集评价资料

一般来说,课程评价收集资料的范围很广,主要包括儿童、教师、课程材料以及学前教育机构与社会几个方面的资料,有时还要收集家长及社区代表的资料。儿童的资料,主要包括认知水平、情感特征、社会性发展、同伴关系、个体差异及对课程教材的看法,对教师教学的意见、制作的各种作品如绘画、雕塑、摄影、手工作品等。教师的资料,主要包括课程的可接受性、教材的可用性、教材编排的合理性、教材知识内容的难易性、课程标准的可行性、课程教学时间的可行性、教学方法与过程以及课程资源的可支持性等。

收集资料的方法包括测验、观察、观摩、查阅教案、查阅儿童作品、问卷调查、访谈调查等。

(2) 整理和分析评价资料

收集的资料首先要归类整理。一般而言,这些资料包括数据型资料和非数据型资料两类。对数据型资料要进行计算和检验,然后根据情况分别归类。在这个问题上,传统的做法是建立卡片与卡片箱、文件与文件夹,应用时找出有关的文件与卡片,并进行抄录和复印,形成所要的材料。这种方法比较繁

---

① 郑健成.学前教育学[M].上海:复旦大学出版社,2007:97-100.

琐,还易出错误、出疏漏;而且对于音像资料的保存和查找则更为复杂。随着电子计算机尤其是多媒体技术的发展,这些问题将会得到有效的改善和克服。计算机的特点是存储容量大,材料不易遗失。在专门设计的数据库中还能对输入的信息资料进行分析、统计和检验,提取也十分方便,不会出现错误和遗漏。因此,应积极借助现代计算机和多媒体技术,在评价中发挥作用。

3. 解释评价资料的过程和方法

通过资料的整理和分析,已能显示出课程实施的概况。这时评价组成人员就要根据评价指标体系规定的内容和要求,进行指标评定,做出分项结论,分头完成评分评议表。有关工作人员对评委的评分和意见进行汇总,做出综合的评价结论。

评价结论不仅要就课程的价值做出定论和解释,同时还要分析问题,诊断问题,提出课程今后的改进措施和努力方向。对评价结论的解释要有理有据,令人信服。第一,坚持价值判断与资料数据的统一,也就是坚持价值与事实的统一。按照数据所达到的水平,做出价值判断。即实事求是、客观、公开、不掩饰、不夸大。第二,坚持判断与分析说明的统一,判断就是对数据事实的意义做出结论,例如"效果显著"、"比较成功"、"关系密切",等等。

4. 撰写评价报告

课程评价结束后应该把评价的结果以书面的形式报告给课程实施人员、教育行政部门或其他需要知道、了解课程评价结果的人群。只有完成了这一任务,才算是真正进行完了课程评价工作。所以,课程评价的最后一项工作是撰写课程评价报告。

(二) 幼儿园课程评价的具体步骤

1. 前评价

即在设计单元活动之前,对儿童已有的学习经验和学习能力进行评估,以此作为设计活动的参考,和活动之后效果比较的依据。这种评价一般通过观察儿童的日常表现进行,或创设一定情景引发儿童的相关表现进行。

2. 活动过程中的评价

即教师依据前评价获得的信息,设计活动方案,并加以实施,在实施过程中进行的评价。在实施过程中,教师须依具体情况不断调整原来的活动设计,以使教学活动成为儿童更感兴趣、更适合儿童发展水平与需要的活动,从而使课程实施过程成为一个从活动到评价,再到研讨,再回到计划的这样一个不断循环的过程。

3. 后评价

即对课程实施的效果进行评价,并与前评价的资料进行比较,以此了解儿童进步的情况及教育目标达到的程度。对于集体教学来说,效果评价要以四分之三以上的儿童通过为准。

4. 追踪评价

即在教学活动结束之后,过一段时间再进行评价,以此了解儿童是否获得真正的学习,其学习效果是否能够保持并运用、迁移。

(三) 幼儿园课程评价的方法

王坚红认为,不同的评价目的和内容,可能需要使用不同的方法。评价方法大致有以下几类:①

第一类是绝对评价法和相对评价法。

第二类是定性评价法和定量评价法。

第三类是分解评价法和综合评价法。分解评价法即预先根据一定的评价观点,把要考察的内容分解为几个方面,分别加以测量与评定。综合评价法是对评价内容的整体状况进行评定。

第四类是自我评价法和他人评价法。

第五类是三角测量法。该方法主张运用多种理论作为评价的基础,综合运用各种评价方法,由多个评价人员参与评价,在不同的时间、空间内,搜集各种层次的资料,借此作出判断,从而使评价结果更为有效。

王坚红进一步指出,课程评价就其收集资料的方法和对资料的分析处理技术而言,可分为量化评价和质的评价两种。量化评价来自于自然科学和心理学的实验传统,强调实证的求知方法,以评价结果为焦点,力求精确的测量资料,从客观的"旁观者"的角度考察和判断,强调可靠性和推断性。质的评价则来自社会学和人类学的传统,强调整体归纳的求知方法,以评价过程为焦点,把课程看作动态过程,从主观"当事者"的角度考察与判断,收集大量真实的自然观察的资料,提供丰富的描述,主要强调有效性而不强调推断性。幼儿园课程评价不仅应包含以测量为基础的、科学的、理性的事实判断,也应包含以哲学思考和逻辑论证为基础的人文主义的价值判断,从实践的、理论的不同维度和不同层次上,揭示课程的意义,说明课程的价值。

---

① 王坚红.学前教育评价——理论·方法·实践[M].北京:人民教育出版社,1994:55-59.

需要注意的是,幼儿园课程评价中同样存在着教育评价中普遍存在的样本误差问题。比如,在课程效果的评价方面,涉及并分析教育课程的效果的组间差异。一般而言,评价某种课程的效果常需采用对两组被试的学习效果的比较,一组参与课程,为实验组,另一组未经历课程,称控制组。然而,对于大多数儿童都参加的课程,如某种普遍性的学前教育课程,则难以找到可用于对比的控制组儿童。即使是课程只针对某一类儿童而非全体儿童,问题依然存在。参加课程的儿童与未参加课程的儿童之间可能存在样本之间的系统差异,选择让孩子参加的家长和选择不让孩子参加的家长之间,其家庭因素也可能存在样本之间的系统差异。因此,由于课程选择儿童,而家长选择课程,这种双向的选择使得进入课程和未进入课程的儿童之间存有区别,从而导致课程评价的难度。

三、幼儿园课程评价方法选择的原则

在新课程评价观的指导下,评价方法的选择,仍然要坚持以下原则:

1. 动态性

课程评价的动态性表明课程评价是一件复杂的工程,它不仅仅是对既定课程设计进行价值判断、趋势分析,而且更是在一定情境下做出的评价,即课程准备在什么地方实施,课程实施的地区和时代背景怎样?一切脱离了具体情境的所谓课程评价都是虚无的。只根据某种理想或哲学上的思考进行判断,却不去理会课程运用场景进行评价是难以取得成功的。因而,课程评价包括两个方面:课程本身的价值判断以及场景的适宜。[1]

2. 发展性

发展性课程评价强调以幼儿发展为本的理念,它要求在课程评价中必须把幼儿的发展作为根本目的,并使之贯穿在课程开发过程的始终。在发展性课程评价中要注意面向幼儿,把保证幼儿的发展作为课程开发的前提。在课程评价的技术手段上要有利于幼儿全面素质的提高:从注重习得能力(learned ability)的评价转向注重学习能力(learning ability)的评价;从注重学习效果的评价转向注重达到结果过程的评价;从面向幼儿的过去的评价转向面向幼儿的现在和未来的评价;从注重幼儿单一学科掌握程度的评价转向注重跨学科知识的运用的评价;从注重认知领域的评价转向注重对认知领域

---

[1] 姜勇,刘霞.当前我国幼儿园课程评价存在的问题与对策[J].教育导刊,2002,(6).

和情意领域的综合评价。①

3. 过程性

过程性评价理念更加重视过程评价,把课程评价渗透于整个课程开发过程之中。评价人员积极参与到课程开发全过程之中,在课程开发的各个阶段,与课程开发的各类人员进行广泛交流、对话、磋商。在这一过程中及时发现问题,针对问题展开研究,在广泛收集资料的基础上,提出解决问题的办法,促使问题得到及时有效的解决。

4. 多元性

课程评价多元化趋势主要体现在课程评价标准、评价对象、评价者、评价方式方法等方面的多元化。课程评价标准的多元化,就一个国家来说,宏观上,可以是根据各地经济、教育发展水平的不同而不同;中观上,可以是根据各幼儿园的办学条件、培养目标等的不同而有所差异;微观上,可以针对每个幼儿的特殊情况,确立不同的发展目标和相应的评价标准。评价对象的多元化主要体现在把幼儿的情意、能力,课程目标,课程评价者与参与者都列入评价对象。评价者多元化主要体现在:参与评价活动的人除了教师外,还可以包括专职的评价机构、教育决策机构、幼儿园管理人员、幼儿家长、幼儿群体和个体以及幼儿园内外的其他有关人员。评价方法的多元化表现在量化评价与质性评价的结合。而课程评价形式的多元化,就是要将诊断性评价、形成性评价和终结性评价有机结合。②

第五节　幼儿园课程评价原则

一、课程评价的原则和特征③

客观的、科学的、正规的课程评价应遵循的原则或应具备的特征如下:

---

①　刘志军.论发展性课程评价的基本理念[J].学科教育,2003,(1).
②　康建琴.学前课程理论与实践[M].北京:中国广播电视出版社,2007:263-265.
③　陈侠.课程论[M].北京:人民教育出版社,1989:332-337.

1. 要有明确的价值观

要评价课程,首先评价者的心目中就要有一个明确的价值观。由于价值观不同,评价的标准就不一样。在评价课程的时候,要把这些评价标准或价值观综合起来,使它有一个明确的体系。然后按照每次评价课程的具体目的,分别依据这个体系中的有关部分来观察课程,才能对它做出适当的、合理的评价。

2. 要针对具体的目标

学校的课程标准中首先要确定每门学科的教学目标:要教给学生哪些知识、技能和技巧,形成学生哪些思想、观点和信念,养成学生哪些言语、行为和习惯,发展学生哪些智力因素,培养学生哪些能力,等等。这些既是教学的目标,也是课程的任务,这些目标一经确定,课程的评价就要以它为方向,看看课程实施以后,这些目标实现的程度如何?哪些目标达到了?哪些目标只实现了一部分?哪些目标完全没有达到,等等。

3. 要有广博的内容

课程评价内容的广博性是由课程目标的广博性决定的,课程的评价要考虑课程实施以后它的目标达到没有、实现的程度如何,因此评价的内容相应地就要包括知识、技能、技巧,思想、观点、信念,言语、行为、习惯以及智能发展等方面。既然课程评价的内容如此广博,就不能只凭少数标准来判断课程的优劣。思想、观点、信念是在掌握知识、技能、技巧的基础上形成的,离开了知识的掌握,就难以形成一定的观点,所以在课程评价的广博内容中,也要分清主次。

4. 要有连续的程序

课程评价并不限于在课程编订(包括教材编写)工作全部完成以后,在编订过程中进行一个阶段的时候,也应进行评价,所以课程评价的程序应当具有连续性。这就是所谓的形成性评价和总结性评价比较,两者应前后衔接,彼此联系,互相沟通。

5. 要具有诊断的作用

课程的评价应具有诊断作用,要能诊断出课程教材中某项特殊的问题。要使课程的评价具有诊断作用,我们使用的评价工具就要有效度和信度(validity and reliability)。使用同一工具两次检查的结果应当相同,这就是信度,所谓效度和信度就是真实和可靠。只有使用真实而可靠的评价工具,我们才能对课程做出具有诊断作用的评价,才能发现课程教材问题之所在,以便采取矫治的措施。

6. 要综合整理评价的结果

课程评价搜集所得的资料,不能是零散的、互不相关的,而应当是完整的、有机联系的。这就需要把评价的结果综合起来,使它的真实意义更加明显。因此,资料的整理和解释就成了课程评价的一项重要工作。必须注意的是,在整理资料的时候,态度要客观,不能只采纳符合自己意见的材料而舍弃同自己意见不合的材料。对评价结果的解释也是如此,要有科学的态度,要有公正的不偏不倚的态度。这样,综合的结果才能反映真实的情况,有利于课程的改进。

课程评价运作过程涉及各个层面,评价原则应对评价活动涉及的各层面做出总体要求,因此课程评价的基本原则也可概括如下:

1. 方向性与发展性原则

方向性与发展性原则主要针对评价与目的之间的关系提出。这一原则要求在课程与教学评价中,坚持正确的导向,有利于课程实施与教学质量的提高;通过评价活动,有利于学生的身心全面发展,促进学校把各项工作引导到正确的轨道上,避免误导教师工作和学生学习的情况。同时,要坚持不为了评价而评价,把评价和指导实际工作结合起来,不仅要让被评价者了解自己的优缺点,而且要为其以后的发展指明方向。

2. 科学性与客观性原则

科学性与客观性原则主要针对课程与教学评价中的盲目性、随意性、经验主义、科学水平不高等问题而提出。这一原则要求在课程与教学评价中,科学地安排和设计评价的标准与方法,根据被评价的对象的真实状况,做出正确的价值判断;评价的过程和结果都应符合客观实际,尊重客观事实,实事求是,评价过程的各个环节都应符合科学要求并遵循评价活动的客观规律。

3. 全面性与一致性原则

全面性与一致性原则就是指评价工作应基于被评对象的真实状况,做出完整的、连贯的价值判断。这一原则要求在课程与教学评价中,不宜过分突出某一项的评价,而忽视其他方面,不应出现前后不衔接甚至相悖的评价现象。

二、幼儿园课程评价的基本原则①

(一) 从课程评价的目的看

1. 评价应有利于改进与发展课程

当代课程评价观更强调评价的诊断功能,教师通过对教育计划的执行情况和教育效果做出及时的评估,及时发现课程各要素的问题,为改进课程提供依据。因此评价的基本目的应当定位于有利于改进与发展课程。例如:教师在课程评价后发现,在本班的社会教育活动中存在社会认知内容偏重、社会情感和社会行为目标难以落实的状况。教师便及时调整了课程结构,精简了部分离幼儿生活较远的认知内容,增加了对社会情感和社会行为的培养内容。通过这样有针对性的课程调查,弥补了课程的不足,使课程趋于完善。

> 有一幼儿园在学期测查中发现幼儿的小肌肉动作发展迟缓,手指动作不灵活,大多数幼儿不会用剪刀,握笔无力等。针对这种现象,他们在每日活动中增加了手工制作等专门的针对性活动,通过一阶段的努力,弥补了幼儿在这方面发展的缺失。②

这一过程也提醒了教师在整体课程中对这一方面的重视,在日常活动中给予幼儿足够的运用小肌肉的机会。所以,评价是为了发现问题和解决问题,是为了改进工作,促进幼儿发展,达到预期的教育目标。如果我们把评价仅作为鉴定的手段,而忽略它的诊断、改进作用,处理不好就会使被评价者产生消极应付的动机和行为。例如,有的幼儿园在学期末对幼儿进行测查,并以这一结果作为教师工作的评定。于是,教师把一学期幼儿所学的内容印成复习材料发给家长,让家长帮助幼儿复习掌握,幼儿的日常活动内容也充满了类似的复习。这样做的结果对教师的提高、课程的改进、幼儿的发展丝毫没有好处。③

2. 评价应有利于促进幼儿的发展

幼儿的发展是通过教师向幼儿实施适宜的课程来实现的,教师正确的评

---

① 王春燕. 幼儿园课程概论[M]. 北京:高等教育出版社,2007:141-144;冯晓霞. 幼儿园课程[M]. 北京:北京师范大学出版社,2001:121;李季湄. 幼儿教育学基础[M]. 北京:北京师范大学出版社,1999:199-204.
② 案例见李季湄. 幼儿教育学基础[M]. 北京:北京师范大学出版社,1999:199-204.
③ 李季湄. 幼儿教育学基础[M]. 北京:北京师范大学出版社,1999:199-204.

价观念影响着幼儿的发展。评价应重在发现每个幼儿的优点与不足,反映幼儿的发展水平。如此教师可以更有效地因材施教,幼儿的全面发展才能落实。如:某幼儿园在对幼儿的体能发展状况进行评价后,给每个幼儿制作了一份评价报告,如实反映了幼儿体能发展的优点与不足,并提出相应的教育建议。这就是有利于幼儿发展的评价行为。教师的评价行为与幼儿的发展密切相关,因为评价具有导向作用,所以教师在进行课程评价时要特别注意以下几点:①

(1) 评价目的是要找出每个幼儿的优点与不足,以便能为其提供适宜的教育方案。

(2) 幼儿的发展宜进行个体的纵向比较,不宜用幼儿间横向比较的数据作为排行榜的依据。

(3) 评价目标要符合幼儿身心整体发展原则,避免偏重某方面而忽略身心其他方面的发展。

(4) 评价内容及方法要符合幼儿的年龄特点,应是幼儿可以理解的事物及能够接受的方法,尽量在日常活动中进行,使幼儿感到舒适自然,毫无压力。

(5) 评价是要找出幼儿的优点,发现和发挥幼儿的潜能,以提供适宜的教育方案,而不是在幼儿中搞"排行榜"。

(6) 评价要尊重幼儿的个体差异,最好以幼儿自己的早期表现与现在的情况(纵向)作比较,不要轻率地对幼儿进行相互(横向)比较。

(7) 评价时要给予幼儿足够的参与机会,要接纳幼儿的看法,发展幼儿的自我评价能力,让幼儿看到自己的优点和进步,增强自信心。

(8) 评价要搜集不同方面的资料,包括对幼儿连续的定期观察和记录、家长提供的资料、幼儿的学习作品等,客观地加以整理和分析,不存偏见。

(9) 评价的结果要清楚、有系统,并正面地告诉家长,使他们了解幼儿的发展进度,增强对幼儿成长的认识,以利家园合作。

(10) 评价标准要兼顾幼儿身心发展的整体性,全面评价幼儿的发展状况,否则会造成幼儿的片面发展。

(二) 从课程评价的主体看

1. 应以教师自评为主

从促进教师专业发展的角度,应鼓励以教师自评为主,打破过去一般遵循的由教育主管部门对幼儿园进行评价,由园长对教师进行评价,由教师对幼儿

---

① 参李季湄.幼儿教育学基础[M].北京:北京师范大学出版社,1999:199-204.

进行评价的自上而下的评价模式,如此才能充分调动教师的反思意识,提高其反思能力,促进教师将评价过程作为对课程和幼儿的研究过程,使评价过程成为促进教师专业发展的有效途径。如:

> 某幼儿园中(二)班教师每周都对幼儿在区域活动中的情况做一定记录。教师从记录中发现,最近很少有幼儿光顾图书区。于是教师征求了幼儿对图书区的意见,分析了该区不吸引幼儿的原因,发现幼儿已经全部阅读图书区中的图书,因此不感兴趣了。教师及时增加了适合幼儿阅读的图书,并向幼儿进行介绍,幼儿又开始喜欢去图书区了。

在组织教育活动的过程中,教师也是课程的主要评价者。如:

> 有一位大班的幼儿教师在与幼儿的交往中,发现班上幼儿普遍一遇到什么就来找老师,问这怎么办、那该不该做等。他对这一现象进行了分析和评估,找到两个方面的原因:一个原因可能教师的日常教学给幼儿的束缚太多了,使得幼儿"凡事先请示";另一原因可能是独生子女的依赖性,缺乏自信,怕挫折。由此他设计和组织了"我们都是小老师"一组活动,让每个幼儿表现自己的长处,并教给别人,帮助幼儿建立信心,主动地去做自己能做的事情,取得了很好的效果。可见,教育过程中的评价活动需要教师发挥自身的主体作用。①

2. 重视家长的参与

家长参与幼儿园课程评价,有助于幼儿园和教师了解家长的教育需求与愿望,更好地为家长服务。同时也有助于向家长宣传科学的教育理念和教育追求,使家长了解幼儿园课程的特殊性并认同幼儿园的教育目标,从而更好地配合教师和园方的工作,使幼儿园和教师真正成为幼儿发展的合作者。如幼儿园可以利用开放日作公开课的机会,让家长观摩公开课并参与公开课的研讨,教师应听取家长对公开课的评价,从中分析家长的教育观念和需求,为家园合作奠定基础。

---

① 参李季湄.幼儿教育学基础[M].北京:北京师范大学出版社,1999:199-204.

3. 要鼓励幼儿参与评价过程

让幼儿学会分析自己的优点、进步和不足,并能正确地看待自己的优缺点,使幼儿逐步形成良好的自我评价能力。例如,可在学期末展开"我成长,我快乐"的主题活动,让幼儿参加讨论和展示自己在本学期所取得的进步,同时让幼儿意识到自身的不足,确定今后努力的方向。

(三) 从课程评价的过程和方法看

1. 评价过程应客观、真实、自然

在评价过程中教师应客观地收集相关数据,真实、详细地记录活动过程,不要因为怕发现问题而弄虚作假,否则评价的结果将缺乏可信度,由此可能产生错误的课程决策或调整。只有真实、客观的数据才能得出对课程的正确评价。在幼儿教育评价中坚持客观、真实的原则,就是把通过观察、测量、访谈、调查等方法所获得的资料,真实地记录下来,教师在进行教学评价时也一样,要如实地记录幼儿的行为表现,然后再作评价。例如,一位教师对自己组织的一个美工剪贴活动的评价:"幼儿剪纸剪得非常好,只是在粘贴过程中不太注意合作,不能从整体布局出发。"这样的评价只是对活动结果的一种主观描述,并没有真实地记录下幼儿的实际行为表现,即好的行为、不好的地方是什么。如说"幼儿能用剪刀剪出物体的曲线"、"幼儿不能与同伴商量如何粘贴,只顾自己贴"等,这样的评价就具体了。

同时,评价内容及方法要符合幼儿的年龄特点,评价过程尽量在日常各种活动中自然地进行,以减少幼儿的紧张和压力。只有在真实、自然的情境中,幼儿才能充分发现自身的特点和学习状况,教师才能正确地把握幼儿的发展状况。

2. 定性评价与定量评价结合

为了全面正确地认识课程,既需要从定性的角度,也需要从定量的角度来评价课程。定性的方法可以使评价者更深入地认识已有课程及其实践的细节,有助于揭示教育的深层意义和价值。定量的方法可以使评价者纵观全局,把握总体,做到心中有数。

(四) 从课程评价的结果看

1. 正确地看待评价结果

课程评价的结果如实地反映了教师或幼儿园过去的课程实践的成果和问题,如果幼儿园领导只看到评价结果中的问题,并以此作为考核教师工作的标准,决定教师职称、工资、聘用等待遇,则是不可取的。因为其不仅会损害教师工作的积极性,也不利于教师反思自己的教育、教学。因此,对评价结果既要看到成绩,也要看到问题,更重要的是分析问题的成因和影响因素,为教师改进教育教学提供依据。对幼儿发展的评价结果更应慎重对待,不要拿评价结果给幼儿贴标签,要以发展的眼光看待评价的结果,为幼儿多方面的发展创造机会。

2. 切实发挥评价结果的作用

现在有些幼儿园进行过很多课程评价工作,评价结束后,结果却束之高阁,没有发挥评价结果的真正作用,非常可惜。其实如果不能很好地发挥评价结果的效益,课程评价存在的必要性将大大降低。因此,评价结束后应当加强对评价结果的再分析。

课程评价是课程的重要组成部分,它的主要目的就是为了改进和完善课程,为幼儿提供更适宜的教育机会和条件,促进幼儿健康和谐地发展。所以,评价要有利于发挥教师、园长不断改进课程、提高教育质量的主动性和积极性,提倡以研究的精神看待评价。①

(五)课程评价应坚持科学、有效的原则

(1)科学的评价首先要有正确的指导思想和评价标准。幼儿园课程评价的指标要与《幼儿园工作规程》的精神和原则相一致,防止用不适宜的评价指标干扰幼儿园课程。

(2)幼儿园课程评价是一个涉及课程方方面面的工作,虽然涉及儿童发展评价,但儿童发展评价不能代表一切,更不能代替对课程本身的评价,不要把二者等同起来。

(3)课程评价应讲求实效性,为改善和提高教育质量提供有用的信息,防止形式化。一些幼儿园评价资料记录非常多,仅仅用于应付上级检查,却不注意利用,纯粹是一种形式化的做法,相当于弄虚作假。

(4)评价过程虽然重要,但其结果的解释和运用更为重要。这需要教师、园长、教研员及有关人员的合作,才能达到改进课程及帮助幼儿有效学习的目的,否则将前功尽弃。

【拓展阅读】

- 幼儿园课程评价的现状分析与对策建议

---

① 李季湄.幼儿教育学基础[M].北京:北京师范大学出版社,1999:204.

第六章　国外经典幼儿园课程方案

第一节　蒙台梭利教育法

蒙台梭利(1870—1952),是福禄贝尔之后最有影响力的幼儿教育家之一,是意大利第一位女医学博士,毕业后进入精神病院做临床助理医生,治疗身心缺陷和精神病的患儿,在对他们的教育训练和实验研究获得了巨大的成功后,她转向思考正常儿童教育问题。之后又回到罗马大学研修哲学、教育学、实验心理学,深入研读夸美纽斯、洛克、卢梭、裴斯泰洛齐、福禄贝尔等人的著作,升华自己的理论研究。1907年,她在罗马贫民区创办了"儿童之家",开始实践她的教育理论与方法,完成了《蒙台梭利方法》等著作,并掀起学习蒙台梭利教学法的热潮。二战后,蒙台梭利教学法广受欧洲各国的青睐,欧洲各国相继开展蒙台梭利运动。迄今为止,蒙台梭利教学法在幼儿教育中仍然有着广泛的影响。

一、蒙台梭利教育法的理论基础

蒙台梭利受卢梭、裴斯泰洛齐、福禄贝尔的自然教育和自由教育思想的影响,并结合自己的实验研究、实践观察,以及生物学、遗传学、生理学和医学等共同建构起自己的儿童教育理念。

蒙台梭利十分注重遗传和内在的生命力。她认为,"存在一种神秘的力量,它给新生儿孤弱的躯体一种活力,使他能够生长,教他说话,进而使他完善,那我们可以把儿童心理和生理的发展说成是一种'实体化'"[①]。生命的表

[①] [意]蒙台梭利.童年的秘密[M].乌荣根译.北京:人民教育出版社,1990:30.

现是自发冲动的,正是这种内在的冲动力促使儿童不断地发展。而教育的任务应该是激发和促进儿童的"内在潜能"的发现,并使之遵循自身的规律自然且自由的发展。另一方面,蒙台梭利也注重环境对儿童发展的影响,"儿童能适应的物质环境以及所接触的事物,它们能使儿童自由地施展自己的才能"①,儿童的需要和兴趣要积极与外界环境相互作用才能更好地发展。除此以外,蒙台梭利认为生命还表现出感官发展的敏感期。而且这种敏感性是在生命早期的发育过程中获得的,并且"敏感期相当短暂,主要目的是帮助生物获得某些机能或特性,过了这些特殊时期,感受性便会消了……"②,即儿童会在某一敏感期内表现出对某种事物或活动的特殊兴趣和爱好,学习也特别容易而迅速,是教育的契机。她还指出,语言发展敏感期为0~5岁,感觉发展敏感期为0~5岁,行为规范的敏感期为2~6岁,肢体协调发展的敏感期为2岁半~5岁。教育除了与敏感期相符合外,还要注意儿童个性的发展,让儿童根据自己的需要进行发展。

在蒙台梭利教育体系中,自发冲动、活动和个体的自由是重要因素,因此自由、作业和秩序是蒙台梭利为儿童营造的主要支柱。蒙台梭利认为,自由不仅能满足儿童的需要,而且也能使进行的工作符合儿童的兴趣,让他们专心于自己的工作,从而形成良好的秩序。自由、秩序与工作都是通过作业协调统一起来的,所以这种秩序与成人压制或服从的秩序有本质差别。

二、蒙台梭利课程目标

蒙台梭利认为,儿童具备自我成长发展并形成健全人格的生命力,"幼儿教育的目的在于帮助幼儿的智力、精神和体格得到自然发展"③,所以其教育的主要目标是协助儿童开发自己内在的潜能,帮助儿童发展出自发性的人格和养成一种独立、自信、自律、自足及自我管理的活动习惯,并为儿童进入成人世界做准备。蒙台梭利曾提到:"儿童与成人社会的两个不同部分,彼此应相互合作、交流、扶持……但迄今为止,人类社会的进化,还只是绕着成人的希望打转。因此,我们建立此一社会时,儿童一直被我们所遗忘。正因为如此,人类的进化只能比喻为一条腿的进化。"④所以"全体人类必须在道德上获得共

---

① 卢乐山.蒙台梭利的幼儿教育[M].北京:北京师范大学出版社,1985:25.
② 简楚瑛.学前教育课程模式[M].上海:华东师范大学出版社,2005:12.
③ [意]蒙台梭利.蒙台梭利幼儿教育科学方法[M].任代文主译.北京:人民教育出版社,2001:218.
④ 简楚瑛.学前教育课程模式[M].上海:华东师范大学出版社,2005:16.

识,以共同追求教育的目标——和平"①。和平的社会最终要依赖于具有完美人格的儿童来建造的。

三、蒙台梭利课程内容

蒙台梭利教育内容以感官教育为核心,形成了一整套系统化的读、写、算、文化科学等教育内容,涵盖感官教育、日常生活练习教育、语言教育、数学教育及文化科学教育五个领域。

1. 感官教育

蒙台梭利认为,感官活动是一切发展的基础,因此感官教育也是她的教育内容中最具特色的部分。感官教育包括视觉、听觉、味觉、触觉和嗅觉五大部分的教育,其教育的直接目的是使儿童感官敏锐,间接目的在于培养儿童的观察、判断、区别、比较、归类等能力。蒙台梭利为此精心设计出16种系列的感官教具。

感官教育中,听觉训练在于使儿童习惯于辨别和比较声音的差别,在听声训练过程中,培养其初步的审美和鉴赏能力;视觉训练在于帮助儿童提高鉴别度量的视知觉,鉴别颜色、形状、大小、高低、长短及不同的几何形体;触觉训练在于帮助儿童辨别物体是光滑或粗糙、温度的冷热、物体的轻重和大小、厚薄、长短以及形体等;嗅觉与味觉训练主要注重提高儿童嗅觉和味觉的灵敏度。同时,蒙台梭利的感官教育中强调感官教育应集中在"某种感觉"的"某种属性"上进行,要让感官教育的刺激孤立化。比如通过瞎子游戏训练儿童的重量、大小和形状感觉;通过绘画让儿童进行颜色感觉练习等。蒙台梭利希望通过这种感觉训练,使儿童成为更加敏锐的观察者,增进和发展他们的感受能力。蒙台梭利感官训练都按照"三段式"练习方式进行;第一是命名,即让儿童认清物体的相同属性;第二是确认,即认清不同属性;第三是记忆,即自己能说名称,识别差异较小的物体的属性。

2. 日常生活练习教育

日常生活练习也是蒙台梭利教育法中教育内容的重要组成部分。这里指从日常生活中选出适合幼儿身心发展特点和符合教育目的的内容进行练习,从而帮助儿童学会生活自理的基本技能,发展大小肌肉动作和肢体的协调,学习自我控制,培养独立、自主、专心、合作的态度,最终形成儿童独立自立的能

---

① [意]蒙台梭利.教育与和平[M].庄建宜译.台湾:及幼文化出版股份有限公司,2000:88.

力与精神。

3. 语言教育

蒙台梭利把语言机制看作高级心理活动的先决条件,认为语言能促进儿童智力的发展,因此她也非常重视对儿童进行语言教育。她还认为训练儿童的语言能力,必须先训练其听觉能力,所以语言发展要按"听、说、写、读"的顺序进行。语言教育包括听说的教育、写的教育和读的教育。听说的教育包括口语经验的发展,如进行分类卡游戏、语言游戏等;口语表达与理解能力的发展,如讲故事、背诵诗歌等活动。写的教育,包括书写的预备练习。蒙台梭利认为,儿童学习书面语言与学习口头语言不同,不能自然地获得。为此,在对儿童的观察和研究的基础上,她为儿童设计了文字教育的教具,如注音符号砂字板、金属嵌板、砂纸文字等,促进儿童进行书写活动练习,以发展儿童的书写能力。读的教育包括阅读练习与语言常识。

4. 数学教育

蒙台梭利把读、写、算组成的学习作为一个整体。蒙台梭利还设计了一套数学教育教具,帮助幼儿掌握10以内的计数活动、10以内的四则运算等。例如,为了让儿童理解0~10的数字和数量,可运用的教具有数棒、砂数字板等。为了让幼儿认识十进位的概念,可运用的教具有金色串珠、数字卡片等。数学教育旨在增进儿童的逻辑思考、问题解决及推理等能力。

5. 文化科学教育

文化科学教育内容包括天文、地理、植物、动物等内容,学习前人创造的智慧文化的财富来丰富精神和增长教养,因此她主张应该充分利用3~6岁这个容易获取文化并自然成熟的时期,让儿童初步地掌握一些简单的文化科学知识。

四、蒙台梭利课程内容与过程的组织

蒙台梭利课程以儿童的内在需求为出发点,依据儿童各个敏感期设计教具,并以这些教具作为课程的重要支撑,所以儿童只要找自己的进度与操作的教具,就可以按自己的能力去发展,无需他人指定。

蒙台梭利认为在教育上,环境扮演着十分重要的角色,教育过程的组织则以环境为基础,儿童要从环境中吸收所有的东西。因此,教师要为儿童提供有准备的环境。适合儿童的"有准备"的环境应该是:① 有规律、有秩序的生活环境;② 提供有吸引力的、美的、实用的设备和用具;③ 允许儿童独立地活动,自然地表现,使儿童能意识到自己的力量;④ 丰富儿童的生活印象;⑤ 促进儿童智力的发展;⑥ 培养儿童的社会性行为。遵循以上标准以及儿童的身心特点,蒙台梭利为儿童提供安全、真实且适合儿童的环境,室内外环境则根据课程的内容领域提供各种活动的区域,让儿童在不干扰他人的情况下自由选择活动环境。儿童由此引起的自我知觉、自我支配的动机,有助于课程的实施。在这种环境中,儿童能按照自己内部的需要、自身发展的速度和节奏来行动,并在这个过程中表现出热爱秩序、严肃认真、长时间集中注意力、尽最大的努力反复进行某种操作而不感到疲倦等优秀品质和惊人的智慧。

第二节 直接教学模式

大多数的早期教育课程以促进儿童认知、社会性和情绪发展等为目标,而直接教学模式的主要目标是帮助儿童获得进入小学所需要的读、写、算的基本能力,并通过学业上的成就,发展儿童的自信心,增强自尊心。这种课程模式受到行为主义心理学家的广泛拥护,他们更关心儿童在学校中获得成功所需要的是什么,并指导教师如何修正儿童的行为。

贝瑞特—恩格尔曼学校(Bereiter-Engelmann Preschool)是直接教学课程的前身,是美国"开端计划"(Head Start)首先发展的早期干预模式之一。直接教学模式(The Direct Instruction Model,DI)是建立在 BE 直接教学模式的基础上的,被作为"随后计划"(Follow Through)的一部分。①

一、直接教学模式的理论基础

直接教学模式主要是建立在斯金纳的操作性条件反射理论的基础上的一种学习模式。操作性条件反射作为一种学习形式,在此形式中,强化被指定的行为,学习就发生了。斯金纳对认知学派的观点提出了挑战,他相信认知学派所谓的认知结构是人为编造的,他反对教育过程是儿童头脑中建立认知结构的过程的说法,认为教育是能够产生可以观察到的行为的变化的过程,而强化则是产生这种变化的机制。此外,怀特(White,S. H.)指出学习理论的五个

---

① Goffin, S. G. *Curriculum Models and Early Childhood Education*. NY: Merrill, 1994.

主要特征：① 刺激是环境的特征；② 反应是行为的特征；③ 刺激是强化物,当被用于反应以后,可能增加或减少可测量的行为反应；④ 学习可被理解为刺激、反应和强化物之间的联系；⑤ 除非有证据提出反例,所有行为都是习得的、可由环境调控的、可被消除的和可被训练的。

二、BE 直接教学模式

BE 直接教学模式是贝瑞特(Bereiter, C.)和恩格尔曼(Engelmann, S.)为帮助 4～6 岁低收入家庭的儿童在学业上能够追上资产阶级家庭出身的儿童所提出的教育方案。其主要目的是对贫困家庭出身的儿童的学业失败进行补救,帮助儿童克服由于经验不足而导致的学业失败、自信丧失,教以他们获得较高智商分数所需的知识和技能。

20 世纪 60 年代中期,贝瑞特和恩格尔曼在美国伊丽诺斯大学成立一个附属幼儿园,即贝瑞特—恩格尔曼学校。他们为此学前教育机构编制了成套的阅读、拼写、语言和数学教材,为儿童设计的课以小步递进的方式加以组织和实施,即教师教一点信息,儿童即重复这个信息,教师提出有关这个信息的问题,儿童对教师的问题做出反应。如果反应是正确的,儿童会受到表扬或奖励；如果反应错误,教师则加以纠正,这个过程就会持续,直至儿童能够重复教师正确的答案为止,这时,教师和儿童才开始下一个步骤的学习任务。在读、写、算三个方面,都有专职教师对儿童进行教学,教学以五人为一个小组,每节课的课时为 20 分钟。除了读、写、算外,唱歌是主要的活动。

在决定课程内容时,贝瑞特和恩格尔曼运用了两个策略,其一是他们关注儿童在小学一年级课程中会碰到哪些课程材料,从而决定儿童应该知道一些什么；其二是他们回顾斯坦福-比奈智力测验量表的测试内容,从而决定课程中的"普遍性概念内容"。据此,他们认为课程内容应该包括颜色、大小、形状、位置、数字、分类、排序等。

三、DI 直接教学模式

1967 年,贝瑞特离开了伊丽诺斯大学,而贝克(Becker, W. C.)加入了该大学,从那时起,到 1981 年,该模式被称为恩格尔曼—贝克直接教学模式(Engelmann-Becker Direct Instruction Model)。1970 年,恩格尔曼—贝克直接教学模式及其成员移到奥瑞根大学。自 1981 年起,该课程模式又被改称为直接教学模式(Direct Instruction Model,简称 DI),DI 直接教学模式是为五到八岁(幼儿园到小学三年级)儿童设计的课程方案,该课程模式与 BE 直接教学模式有不少相似之处。

DI 直接教学模式建立在两个基本点上,其一,儿童在教室内学习的品质取决于环境事件;其二,教师可以通过仔细地推动儿童与环境之间的交互作用而增加儿童在教室中的学习数量。

DI 直接教学模式的核心内容是读、写、算三个方面,每一个方面都包括三个层次目标,从而形成九套方案,其市场化的教材名称是 DISTAR(the instructional programs in reading, arithmetic and language),如 DISTAR 算术 1、DISTAR 算术 2 和 DISTAR 算术 3 等。每次上课,都包含教师和儿童之间通过游戏和比赛进行口语交互作用的活动,因此,儿童始终积极地参与活动,活动的速率可以达到每分钟十个反应,并要求 80%~90% 的正确率。此外,每天为儿童安排 30 分钟与学业有关的儿童个别化活动,这种类似游戏式的活动能为儿童提供与关键概念有关的练习。

构成 DI 直接教学模式的三个主要来源是:① 行为主义理论;② 对课堂资源运用的逻辑分析;③ 对概念和任务的逻辑分析。

小组教学是 DI 直接教学模式的最主要特征。一个班级通常被分成四个小组,每个小组有 4~7 人。在第一和第二水平的学科教学中,小组活动持续 30 分钟,而第三水平的学科教学包括五分钟的教学和 30 分钟儿童自己的练习。

四、直接教学模式中教师的作用

在直接教学课程模式中,教师是儿童行为的训练者和强化者。在此模式中,教师是主动的教育影响的施予者,而儿童则是被动的接收者。教师根据预先设计的计划,运用增强、塑造、惩罚和消退等方法,促进刺激与反应之间的联结,或者消除刺激与反应之间的联结,以达成教师预期的目标,使儿童产生计划中的学习行为。

五、对直接教学模式的评价

在"开端计划"之前,大部分西方早期教育课程都是以儿童为中心的、非专业化的。BE 直接教学模式,以及随后产生的 DI 直接教学模式成了与学前儿童教育课程"背道而驰"的课程模式。戈芬认为,直接教学模式在当时的年代产生和发展,不仅只是能够生存的问题,而且是成功的,它至少在六个方面改

变了学前教育视野：[1]

(1) 对智力不变的理论提出了挑战；

(2) "发现"了广为存在的贫困；

(3) 对苏联发射卫星使美国发生震撼的反应；

(4) 降低了由于重新发现皮亚杰理论而导致的对认知发展理论过分强调的热度；

(5) 缓解了对教育现状的不满；

(6) 展示了在教育中运用斯金纳操作性条件反射理论的潜能。

许多研究都表明，这类高度结构化的课程模式使儿童在学业上获得了成功，并使一些儿童凭借学业的成功树立了自信。经过这种课程训练的儿童，智力测验和学业成就测验的成绩都较高，在进入小学以后，在读、写、算等方面都达到较高水平，这对于不少处境不利家庭出身的儿童而言是十分重要的。

然而，直接教学模式也有不少消极的方面。例如，经过这种课程训练的儿童经常将他们的成功归于他们的教师或其他因素，而将失败归于自己；又如，他们在非语言性问题解决能力的测验中所获得的分数低于在认知性课程中学习的儿童。此外，对这些儿童进行长期追踪研究，发现这类课程的长期效应并不理想，即儿童在小学低年级获得的优势，在小学高年级就不明显了。

第三节　凯米—德芙里斯课程

凯米—德芙里斯课程定型较晚，但被称为比较"纯粹"、"正统"的，而且是唯一被皮亚杰本人所承认的课程模式。其最大特色，是运用皮亚杰的思想，对各传统的学前教育活动进行全面的重新考察与审视。在这一过程中，皮亚杰的理论获得了具体、生动而丰富的内涵。

一、课程目标

凯米认为，幼儿教育的最终目标是儿童的"发展"。"发展"是获得高层次的认知和道德的唯一方法。由此，她把课程目标分为长期和近期两种。长期

---

[1] Goffin, S. G. *Curriculum Models and Early Childhood Education*. NY: Merrill, 1994: 117.

目标是发展儿童的"自律或自主性",培养未来的拥有批判性、创造性思考能力,不盲从既成的权威和价值的人。近期目标分为认知和社会性/情感两大部分。认知方面要求学生具有主动学习、积极探索的态度,会发现并敢于提出各种问题,产生有趣的想法,注意并能发现事物间的关系和异同。在社会性/情感方面要求幼儿能在人际关系环境中情绪安定;尊重他人的感情和权利,会协调自己与别人的看法(去中心化与合作);独立、敏感、好奇,能运用创造性来满足自己的好奇心,自信地考虑问题并自信地表达自己的思想。

二、课程设计的原则

凯米和德芙里斯从皮亚杰的理论中引出了三条课程设计的原则:

(1)能动性原则。知识的获得是个体能动的过程,儿童的学习必须成为儿童主动探索、自我思考、提问、比较、争论的过程,为儿童提供这样的机会,创造这样的气氛和环境是课程的根本原则。

(2)充实性原则。课程的目的不在于超越阶段地"加速"发展,而是对应儿童的发展阶段,在打牢发展阶段的基础上下功夫。在解决问题的过程中允许儿童充分地"犯错误",这是充实、完善儿童前运算阶段的认知结构的必要条件。

(3)结构化原则。凯米认为,广义的知识是一个完整的结构,而不是单一技能的集合。结构化了的知识经验可以帮助儿童理解和处理新问题、新信息,同时进一步完善有关知识结构,帮助儿童形成知识结构(网络)是课程的重要任务。

三、课程内容

凯米认为,皮亚杰理论的作用不在于提供直接的内容,而是提供一个选择、修改、补充和删减课程内容和形式的原则与框架。传统幼儿学校在选择课程内容时,大都凭直觉进行判断和取舍,这非常容易陷入一种伪装了的成人中心主义。而一旦有了一种卓有成效的、富有解释性和指导性的理论框架,课程内容的选择就会变得结构更加合理,更能符合儿童的发展需要。为此,他们根据皮亚杰关于前运算阶段儿童的知识结构应该由自然的、社会的、数理逻辑的三方面经验组成的观点,建立了一个分析各种活动的框架,对来自于传统保育学校的活动和日常经验进行全面的重新审视,从皮亚杰理论的视角发现其中的教育价值。例如,对美工粘贴活动的分析发现,这种活动可以为儿童提供以下经验:① 物理经验即浆糊可以将两种东西粘在一起,而且必须适量;② 空间推理即把浆糊糊在哪些地方能获得预期的或意料不到的效果;③分类的经验——能粘物体和不能粘物体的东西以及粘得牢和粘不牢的东西。

凯米指出,这种分类的经验在根本上同那种为了分类而分类的活动是不同的,它是儿童的无意识的、自动进行的一种练习,虽然无需也难以用语言表述出来,但显然是存在着在表象水平上并且将被建构到不断发展的类概念结构之中,最终到达运算水平的分类活动。

再如,分析一下"捉迷藏"这个传统游戏,则发现它在促进幼儿的社会认知能力发展方面具有特殊意义:

首先,它可以促使幼儿克服"自我中心"倾向。玩这个游戏的孩子在轮番扮演"捉者"和"藏者"的过程中逐渐学习"换位思考"。被捉到的孩子会懂得,自己认为安全的地方在别人看来或许很容易被发现,下次再藏时必须站在"捉者"的立场考虑问题。

其次,可以发展儿童的思维能力。"捉者"需要寻找发现"线索",做出分析判断,甚至推测"藏者"的心理;"藏者"则要考虑各种条件,如空间位置、隐藏程度、如何伪装等,也需要猜测"捉者"的想法。

再次,儿童在游戏中会逐渐理解规则、合作的意义,学会遵守规则、相互合作、友好相处,发展社会交往能力。经过这样的精心分析,存优补缺,凯米课程形成了自己的教育内容体系。总体上看,课程内容由三部分组成:① 日常生活。日常生活活动中蕴涵着巨大的教育价值,应该自觉而自然地用来进行教育。比如,饭前摆碗碟、配刀叉的活动能够帮助幼儿获得"分类"、"对应"等数理逻辑知识。教师巧妙的问题如"盘子正好够一人一个吗?""刀和叉一样多吗?"往往有极好的教学效果。② 传统活动。凯米课程中吸取了许多幼儿教育中被经验证明有教育价值的活动,并赋予其新的意义。凯米指出,团体游戏,包括捉迷藏、猜谜语、各种比赛、合作游戏等虽然不是新东西,但其教育价值远不限于人们平时所理解的。来自皮亚杰理论的洞察力,使我们能从新的角度利用传统活动来促进儿童的发展。③ 来自皮亚杰理论启示的活动。凯米认为,尽管传统活动有巨大的教育价值,但在发展儿童的认知能力方面是有缺陷的,很少包含逻辑数理知识。为了平衡幼儿的经验,需要一些专门设计的活动来帮助幼儿获得各种发展所必需的经验。

例如,为了使幼儿获得更多的物理经验,凯米设计了许多以儿童自身的推、拉、投、摆弄动作作为基础的活动。如,让儿童滚大小、重量不同的球,用球去撞击不同的物体或墙壁等。儿童可以通过用力的不同体验球的性质,体验力的大小与球的重量、大小和球的滚动距离的关系,体验被撞物的性质与球反弹的关系等。为了让幼儿获得数理逻辑经验,则设计各种需要分类、排序、记数的活动和教学游戏。如提供各种长短粗细不一的圆柱形积木,让儿童做滑旱冰游戏,从而学会选出粗细长短一样的积木,等等。

四、课程组织与实施

凯米课程的教学活动形式主要包括:

1. 独自操作物体的活动

在单独摆弄物体(主要是非结构性的材料,如稻草、玻璃球、木头等形状、质地、重量、大小、颜色等物理属性各异的东西)的过程中,儿童通过观察自己的动作与物体变化(运动、位移、形状改变等)之间的关系,获得关于物体的性质、特点等物理知识,形成空间关系和逻辑因果关系的认识。

2. 群体讨论

讨论的基本目的在于培养儿童与组内其他儿童的"共同感"。通过设计儿童共同感兴趣的活动主题,教师发起讨论,研究活动的计划、执行与所需要的条件,从而让儿童通过积极的个人参与,分享集体的责任感并协调组内的各种观点,同时也在对活动所需物体的讨论中对物体的类、数进行逻辑建构。

3. 小组规则游戏

这种活动的主要作用是培养幼儿的规则意识,理解并且自觉遵守规则。同时,学习在规则情境中的相互交往和相互理解,并对于符合规则要求的任何结果都感到满意。

4. 实验

凯米课程的实验,实际上就是一种有特定目的的物体操作活动或"工作"。儿童利用不同的物体,利用其在形状和数量上的关系,建构他预先想到的或在搭建过程中逐渐明确起来的形象。凯米认为,教师作为课程的组织和实施者,应当知道如何得体地管理课程和如何提供活动。教师的主要任务是创造一个有益于学习的环境和气氛,提供给儿童合适的材料和活动的建议,并琢磨儿童头脑中正发生的想法,根据活动涉及知识种类的不同对儿童做出不同的反应,帮助儿童扩展他现有的经验和观念。

凯米课程非常重视儿童的生活和活动,将幼儿教育与儿童的生活融合在一起,有利于儿童形成和发展生活所必需的技能;大量使用团体游戏使得儿童认知发展与社会性、情绪发展的密切结合;通过课程内容与学习过程的统一,使内容(具体的经验)和结构的相互依存关系促进儿童认知的发展;凯米反对

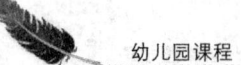

把知觉、语言、思维、情感、社会性发展所需要的经验彼此孤立地列为课程内容。各方面发展所需要的学习内容应形成一个统一的结构,这种统一的基础正是儿童的实际生活和活动。

第四节 高瞻课程

高瞻课程也称海伊斯科普课程,是在美国著名儿童心理学家戴维·韦卡特的领导下,于20世纪60年代创立的,是美国"开端计划"中第一批旨在帮助处境不利的学龄前儿童的学前教育方案,并在高瞻沛利幼儿学校得到实施。

高瞻课程并不倾向于购置和使用特殊材料,而尤为注重在设置学习环境方面的花费。在发展水平较低、资源贫乏的国家,材料可以来源于自然、家庭废弃物及其他一些"开发性"材料。虽然实施课程方案的方法最初很难掌握,但一经获得,他们将轻松地与儿童、家长、其他教师和监督一起工作。海伊斯科普课程以皮亚杰的认知发展理论为基础,尊重儿童的主动性。与凯米课程一起,被称为最具有影响的皮亚杰式早期教育方案。

一、高瞻课程的理论基础

高瞻课程以皮亚杰的认知发展理论为基础,儿童可以主动学习和构建自己的知识,儿童的知识来源于相互活动的实践、交流等直接经验和对经验的逻辑思维。成人的作用则在于提供儿童获得经验的环境,引导和帮助儿童逻辑思考。高瞻课程的发展经历了三个阶段:

第一阶段,以皮亚杰的认知理论为基石,重点是为处境不利的特殊儿童进入小学做好认知和智力上的准备,这一时期的教学目标还是对课程内容的比较传统的看法,课程设计者在儿童前数学、前科学以及前阅读等方面都有详细的计划,并鼓励儿童按步进行。

第二阶段,高瞻课程的设计者注意到儿童的主动学习与知识构建的重要性,而且考虑到儿童不同的发展阶段。在服务对象上看,开始面向所有儿童;在课程目标上,不再仅关注儿童前学业技能的训练,且提出以促进儿童认知发展为中心,同时注重儿童的社会性与情感发展等方面。但是这一阶段,在课程实施中,教师还仅是教给儿童皮亚杰式的任务完成的方法,对旧知识通过问答

进行复习,因此儿童尚未获得真正意义上的主动。

第三阶段,1979年以后,出版了一系列关于 High/Scope 课程著作,尤其是1995年的《幼儿的教育》一书,在对过去课程方案扬弃的基础上,有了一些新的思想。如重视教师与孩子的互动,强调教师通过直接和表征的经验帮助儿童增强认知,用适合儿童发展水平的方式指导儿童的自主学习,真正把儿童看成主动的学习者。

二、课程目标

高瞻课程在实施初期重视有效地促使儿童的认知能力的发展,为今后的学习成功奠定基础。但在经过第三阶段发展后,其课程目标增加了促进儿童主动学习这一部分,强调将结构化的目标渗透在儿童活动中,是向建构主义方向转变的重要标志;在具体领域目标中也有所体现,如空间关系增加了装卸物体、重新安排和改变物体的空间位置、从不同的空间角度观察季节的变化、认识钟表和日历等。[①] 此外也在儿童的社会性和情感方面提出要求。

高瞻课程目标是反映儿童认知能力发展的主动学习的关键经验,语言运用的关键经验,创造性表征的关键经验,发展逻辑推理的关键经验(分类、排序、数概念),理解时间和空间的关键经验(空间因子、时间)这五大类49条关键经验。这些关键经验成为高瞻课程的核心,也是他们进行课程制定和评价的重要指标。49条关键经验分别是:[②]

(1) 主动学习的关键经验

运用所有的感官主动地探索。

通过直接经验发现事物之间的关系。

操作、转换和组合各种材料。

选择材料、活动和目的。

掌握使用工具和设备的技能。

进行大肌肉活动。

自己的事自己做。

(2) 语言运用的关键经验

与别人交流自己有意义的经验。

描述物体、事件和事件之间的关系。

---

① 朱家雄.幼儿园课程[M].上海:华东师范大学出版社,2003:258.
② 朱家雄.幼儿园课程[M].上海:华东师范大学出版社,2003:258-260.

用语言表达情感。

由教师把幼儿自己的口头语言记录下来,并读给他听。

从语言中获得乐趣:念儿歌、编故事、听诗朗诵和故事。

(3) 创造性表征的关键经验

通过听、摸、尝和闻去认识事物。

模仿动作。

将模型、图片和照片与真实场景和事物联系起来。

玩装扮游戏和角色游戏。

用泥土、积木和其他材料造型。

用不同的笔绘画。

(4) 发展逻辑推理的关键经验

- 分类

探究和描述事物的特征。

注意并描述事物的异同,进行分类和匹配。

用不同的方式使用和描述物体。

描述事物所不具有的特征或不归属的类别。

同时注意到事物一个以上的特征。

区别"部分"和"整体"。

- 排序

比较:哪个更大(更小)、更重(更轻)、更粗糙(更平滑)、更响(更轻)、更硬(更软)、更长(更短)、更高(更矮)、更宽(更窄)、更锋利(更钝)、更暗(更亮),等等。

根据某种特征排列物体,并描述它们之间的关系(最长的、最短的,等等)。

- 数概念

比较数和量:多/少,等量:更多/更少,数量一样多。

用——对应的方式比较两个数群的数量。

点数物体和唱数。

(5) 理解时间和空间的关键经验

- 空间关系

装拆物体。

重新安排一组或一个物体在空间的位置(折叠、弯曲、铺开、堆积、结扎),并观察由此产生的空间位置的变化。

从不同的空间角度观察事物和场景。

体验和描述物体与人的运动方向。
体验和描述事物之间与地点之间的相对距离。
体验和表征自己的身体:有什么样的结构和各部分的功能是什么。
学习确定教师、幼儿园以及周围环境中各种物体的位置。
理解绘画和图片中所表征的空间关系。
识别和描述各种形状。
· 时间
制订计划和完成计划。
描述和表征过去的时间。
用语言推测即将要发生的时间,并为此作好适当的准备。
按信号开始或停止一个动作。
识别、描述和表征时间的顺序。
识别、描述不同的运动速度。
在讲述过去和将来的事件时,学习使用惯例的时间单位。
比较时间的间隔(短、长、新、旧、年轻、年老、一会儿、长时间,等等)。
注意观察把钟表和日历当作时间消逝的标记。
观察季节的变化。

"主动学习"是 High/Scope 课程教学设计的核心,通过儿童的主动学习来获得这些关键经验。对教师而言,它们是教师的活动计划,是观察、支持幼儿学习以及评价早期教育实践的有效性指南;对儿童而言,他们可以通过多种适合自己的活动来获得,既可以是由教师组织的活动,也可以是自发开展的活动。这些关键经验提供了一种策略,使得高瞻课程能强有力地持续促进儿童的健康成长和发展。

三、课程内容

高瞻课程的内容是以获得关键经验为目标,设计各种类型的活动。课程具体内容则反映在教室内外环境的创设上,它们往往是以"活动区"为中介展开的,例如积木区、娃娃家区、美工区、安静区、音乐区、木工区等。每个区都有各自的材料和活动的机会,幼儿可以根据自己的兴趣和需要选择。如积木区,备有建筑材料,也有幼儿能用于建筑活动的玩具人和玩具汽车。当幼儿计划到某个活动区去活动时,他们知道有哪些材料,知道用这些材料可以进行哪些活动,因而他们的计划才可能是一种经过思考的、有明确目的的计划,而不是他们一时的兴之所至。此外,教室里一般还设有供集体活动用的区域,或在教

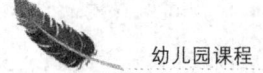

室中央,或在场地较大的活动区。

由于高瞻课程的关键经验是通过幼儿在各个兴趣区的活动得以实现,因而特别注意教室物质环境的布置和各个区域材料的选择,强调环境及其材料必须引发指向关键经验的多种学习活动。在活动内容上,注重与发展过程有关的经验,而不是与行为结果有关的经验,也即通过创设各种活动区,为儿童提供一个主动学习的环境,提供给儿童不断选择与决定的机会,在此过程中获得各种关键经验,促进各方面能力的提高。关键经验与活动并非一一对应。一个活动可以包含多种关键经验,而一种关键经验也可以通过许多个兴趣区的活动来实现。

总而言之,兴趣区的创设与安排的核心原则是为了给儿童提供一个主动学习的环境,提供给孩子们不断选择与决定的机会,特别是提供各种材料,给孩子们以创造性的、有目的的方式从事实现关键经验活动的机会。

四、课程组织

高瞻课程的组织是具体落实在一日活动的安排中的,在安排时往往遵循由具体到抽象,由简单到复杂,由当时当地到较远的时间和场景的原则,让关键经验反复出现在许多不同的活动中,以促进儿童能力的主动发展。主要包括由幼儿自主决定计划、活动内容、材料选择及建构知识的兴趣区(自选)活动;由教师预设和组织的能提供"关键经验"的小组活动,以及全班幼儿同时参加的团体活动。这三种形式的活动之间是平衡与协调的。幼儿在兴趣区活动中主动地学习探究,而教师在此过程中通过观察发现幼儿的兴趣以及问题所在。在对观察所得信息进行分析研究的基础上,教师设计组织小组活动和团体活动,或深入发掘幼儿的兴趣所在,或协助幼儿解决问题,从而进一步激发或推动幼儿的主动性与积极性,使幼儿更热情地投入到各种活动中去,获得更多更大的收获。因此,这三种活动在海伊斯科普课程中发挥着各自独特的作用,它们之间也是相互联系、相互推动的,是一种动态的平衡。

五、课程实施

高瞻课程实施主要是通过日常工作中的活动实现的,由"计划—做(工作)—回忆"三个主要环节组成,儿童在活动中可以充分表达自己的意愿与计划,教师则参与整个活动中,给予儿童适当的建议与鼓励。

(1) 计划时间:幼儿自己决定做什么以及怎么做,体验独立自主工作的乐趣。教师需要鼓励幼儿他们的计划,并与其讨论商议制定成合理的计划并鼓励实施。教师可以记录幼儿的计划,帮助幼儿获得自尊与自信,还能从幼儿的想法与实施进程中了解儿童的发展水平和思维方式等。使幼儿觉得自己的计划是多么受重视,开始把自己看成是可以做出决定,并能根据自己的决定来行动的人,他们自己可以主宰自己的活动。

(2)工作时间:幼儿完成和实现自己的计划时间,也是幼儿园一日活动的核心。幼儿操作自己感兴趣的材料,按照自己的想法组织经验,学习新的技能,在此过程中或许充满新奇、探究、成功或悲伤,这些并不重要,他们享受着活动过程的惊心动魄。教师则指导、鼓励和支持幼儿的活动,也可以参与幼儿的讨论。

(3)回忆时间:幼儿在教师的启发下回忆和表征他们在操作活动时间进行的活动,展现他们的成果,交流他们的经验。通过回忆,幼儿能看到他们的计划与活动之间的联系,从而更清楚地意识到自己的行为和思想。通过分享别人的作品与经验,互相学习,与不同的幼儿进行交流与合作。

高瞻课程的"计划—做—回忆"三个环节自然有序,环环相扣,在整个过程中,幼儿是主动的学习者,让幼儿通过对周围环境、材料的熟悉以及各种活动的基础上学习制订计划,为自主活动奠定基础,提高幼儿活动的积极性;工作时间幼儿享受着计划实施的愉悦,同时又要面对实施过程中出现的突发问题,经历着自我思考、与同伴老师交流合作解决的过程;回忆时间实际上是除了自我展示成果外,还有更重要的是幼儿活动后的收获以及不知不觉中的自我反思。

除了上述"计划—做—回忆"三个环节外,高瞻课程还有其他活动,如在小组活动时间,一个教师和5~8个幼儿一组,完成由教师事先计划好的,能提供关键经验的活动,教师此时可根据特定的关键经验来观察和评价幼儿;在户外活动时间,幼儿和教师都参加富有生气的跑步、投掷、荡秋千、攀爬跳跃等体育活动,活动气氛轻松,对孩子限制较少;在集体活动时间,全体幼儿和教师聚集一起唱歌、自编动作表演歌曲、演奏乐器、做律动、玩游戏等,彼此间相互交流,表达想法。

六、教师的角色

在高瞻课程前期(20世纪80年代前),教师是儿童活动的积极鼓励者,他们要给儿童提供丰富的材料,创设适宜的环境,明确要求儿童运用某种方式制订计划,并通过提问与建议为儿童获得关键经验创造条件。20世纪80年代以后,高瞻课程吸收了社会生态学的观点,开始重视教师与儿童之间的互动,

以保证儿童对自己进行的活动能建构性地理解,反对教师把关键经验直接教给儿童。具体而言,教师的工作主要包括提供材料、划分活动区、建立一日常规、倾听儿童的声音、记录儿童的发展等。他们控制环境的布置,给儿童丰富的材料以供选择和使用,为整个活动提供了强有力的物质支撑;他们虽明确要求儿童运用某种方式决定和制订计划,但是尊重幼儿的决定,并协助其完成,与儿童形成真诚的伙伴关系。通过提问等方式,为儿童创造与其思维发展和社会性发展有关的关键经验的活动情境。教师们并非要写下详细的活动计划,而是在主动参与活动中,自然生成问题,并协助幼儿解决问题,这也给教师提出了适当的挑战。

第五节 意大利瑞吉欧幼儿教育体系

加德纳在《儿童的一百种语言》的前言中是这样介绍瑞吉欧教育体系的:"它是一系列的幼儿学校,在这些学校中,每个孩子的智力、情感、社会性和道德潜力都得到精心的培育和引导。学校的主要教育手段和工具吸引着孩子们在一些诱人的长期方案中流连忘返,这些方案都是在优美、健康和充满爱意的环境中进行的。杜威书写进步主义教育写了几十年,但是他的学校仅仅延续了四年。与此形成鲜明对照的是,马拉古兹的主要成就是瑞吉欧社区,而不仅仅是其哲学或方法。世界上还没有其他任何地方在学校进步主义哲学与其实践之间有如此紧密而又融洽的关系。"加德纳认为,瑞吉欧教育体系的创始人马拉古兹的名字"值得与他的同行名人福禄贝尔、蒙台梭利、杜威和皮亚杰相提并论"。

瑞吉欧·艾米里亚(Reggio Emilia)是意大利北部的一个小镇,经过多年建立了一个公共的儿童保教体系,形成了一套特殊的、创新的教育哲学和教育理念、学校的管理方法以及环境设计的想法,成了以儿童作为学习者的本质、教师与家长及儿童之间的相互依存、社区致力于建立的一种文化环境、以探索和发现为导向的课程等为特色的一个有机整体,人们称之为瑞吉欧·艾米里亚教育体系,它被视为欧洲教育改革的典范,并在当今世界各国的学前教育产生了重要的影响。该体系在1990年被美国《新闻周刊》评选为"全世界最好的教育系统之一",为世界的学前教育提供了一个学习的典范。

一、理论基础与形成背景

瑞吉欧教育体系的理念来自三个方面:欧洲和美国的进步主义思潮(杜威教育思想)、皮亚杰和维果斯基的心理学理论以及战后意大利的左派政治改革,正是有了这样的文化和理论基础才孕育出了瑞吉欧幼儿教育体系。

1. 意大利特有的文化和政治

瑞吉欧是艺术和建筑珍品的故乡,除了富有以外,瑞吉欧还有悠久的政治解放、民族独立的传统,当地政府机构和官员享有很高的声誉,市民们尊重他们的文化传统和大众组织,不同社会阶层常通过政治活动或经济合作解决问题,居民有强烈的民主参与和公共社区观念。在这样的社会背景下,马拉古兹提出:儿童有强大的不可估量的力量;儿童应受到绝对的尊重;教师在教儿童之前必须先了解儿童。也就在这样的社会背景下,马拉古兹的这一思想才有可能真正得以实现。

瑞吉欧教育体系的家庭与家庭之间保持着日益亲密的关系,儿童在这种大家庭式的环境中体验和理解合作与分享,这种关系也体现在教育者之间、教育者与儿童之间以及家长和社区公民的积极参与之中。这些也构成了瑞吉欧成功的基础。

2. 欧美主流的进步主义教育

瑞吉欧教育体系的创始人马拉古兹认为,该体系的建立曾受到过许多思想家、教育家的影响,其中主要有杜威、克伯屈、艾沙克斯等一些欧洲和美国的进步主义思想家的影响。杜威是进步主义的代表人物,他对瑞吉欧的影响主要体现在三个方面:

(1) 以儿童为中心的教育理念。瑞吉欧的创始人马拉古兹说:"在我们的教育体制中,最基本的就是以幼儿为中心……"教育应尊重儿童的身心发展的特点,儿童必须有自己的空间,成人不能对儿童施加权威,成人是儿童生活的引导者和支持角色。

(2) 教育应鼓励民主与合作。这在瑞吉欧的儿童观、教育观以及学校实行的社区式管理中都得到充分的体现。教师根据儿童的兴趣、需要与儿童一起开展教育与学习,学校的教师、家长、社区的代表共同参与学校的决策和管理,民主、合作的精神和态度体现得非常明显。

(3) "做中学"的思想。这为瑞吉欧的"项目活动"的开展提供了奠基石,倡导由儿童决定活动目的,儿童自己制订计划,自己进行活动,自己进行评价。

3. 皮亚杰和维果斯基等心理学家的建构心理学

皮亚杰的发生认识论指出,知识来源于主客体的相互作用,活动是促使儿童主动学习的基础。这种相互作用的活动观自然体现在瑞吉欧教育体系中。维果斯基认为,人与人之间的交往是人高级心理发展的源泉和动力。因此,他强调社会交往在儿童心理发展中的重大作用。瑞吉欧教育非常重视每一位幼儿与其他幼儿、教师、家长及周围的社会文化环境之间的关系与互动。维果斯基的"最近发展区"理论对瑞吉欧的多元化教育理念、科学的目标定位、优化的教育环境及合理的评价方式等也都产生了深刻的影响。

二、课程目标

"我们的目标,也就是我们一直追求的,是创造一个和谐的环境,在此环境中的每一位幼儿、家庭及教师都感到自在。"[1]"我们的目标是建立一所和谐的学校,幼儿们、教师和家长们在那里感觉就像在家里一样。"[2]"教育的目标是要为幼儿带来更多的可能性去创新和发现,语言文字不应作为知识的途径。"[3]让儿童"更健康、更聪明、更具潜力、更愿学习、更好奇、更敏感、更具随机应变的适应能力、对象征语言更感兴趣、更能反省自己、更渴望友谊。"[4]

三、课程内容

瑞吉欧没有固定的教材或预先设计好的教育活动方案,其课程内容来自周围的环境,来自于儿童生活中感兴趣的事物、现象和问题,来自于儿童的各种活动。"我们是真的没有计划或课程,但是若说我们只依赖那种令人羡慕的技巧,像临时起意的课程,那也不正确,我们并不依赖机会,因为我们深信我们也可以期待某些我们尚未了解的事物。我们知道的是,与幼儿一起共事,是三分之一的确定,以及三分之二的不确定与新事物。三分之一的确定让我们了解而且也帮助我们去了解,我们想探讨学习本身是否有其变迁、时间与场合;如何组织及鼓励学习;如何准备良好的学习情境;值得支持幼儿何种的技巧与认知基模;如何让文字、图像、逻辑思考、身体语言、象征语言、幻想、描述及论

---

[1] [美]爱德华兹等.儿童的一百种语言[M].罗雅芬等译.台北:心理出版社,1998:69.
[2] [美]爱德华兹等.儿童的一百种语言[M].罗雅芬等译.台北:心理出版社,1998:72.
[3] [美]爱德华兹等.儿童的一百种语言[M].罗雅芬等译.台北:心理出版社,1998:91.
[4] [意]马拉古奇等.孩子的一百种语言[M].张红军等译.台北:光佑文化事业股份有限公司,1996:21.

证更上一层楼;如何游戏;友谊如何形成与消失;个人与团体的意识如何发展;差异性与相似性如何出现。……我们可以确定的是,幼儿随时准备好要帮助我们,他们可以提供我们想法、建议、问题、线索以及遵循的途径;……所有的付出,加上我们所给的情境,形成一个完美的资源。"①

四、课程的组织实施

瑞吉欧的课程与教学主要是以"方案活动"的方式开展的。方案活动是瑞吉欧教育方案的灵魂和核心,是瑞吉欧教育体系课程的主要特征之一。方案活动是一个需要成人和儿童共同设计、观察、表达,并通过各种象征性语言进行表现和合作完成的过程。儿童以小组活动为主的形式与教师一起合作探索他们感兴趣的问题,这类方案活动可以起始于儿童对自然或社会的好奇心,或者出于儿童的某种主张,或者发源于儿童对哲学两难问题的思考。此外,教师也可以在观察儿童的基础上提出问题,发起方案活动。方案活动主要是协助儿童全面地、深入地理解他们周围环境及经验中值得注意的事物和现象,使儿童通过主题的探索活动获得周围的人、事、物的互动,从而自主建构、积累一些知识、经验,发展儿童的主动探索、自由创造、共享、对美的事物的敏感性等方面的情感与态度品质,并使儿童学会解决问题,使儿童能自由地表达他们对世界的认识方式。"幼儿不会从一个活动被赶到另一个不同的活动,相反的,老师鼓励幼儿去重复体会重要的经验,观察再观察,思考再思考,呈现再呈现。"②瑞吉欧方案活动的特点主要表现为:

(1) 创造性表现和表达是知识建构的基本要素。马拉古兹认为,"儿童的一百种语言"是其多种符号表达自己的方式,因此在课程实施中教师鼓励儿童运用各种符号系统创造性地表达自我。同时教师为儿童创设促进儿童创造潜能发展的环境,促进他们去探索、运用材料发现和发明。例如为孩子配备大量的画纸、笔等材料作为幼儿自由表达的媒介。

(2) 共同建构在方案活动中有重要的地位。马拉古兹相信最好的学习发生在儿童以及儿童的家庭中,在彼此之间的交流中和相互作用中共同构建知识体系。方案活动大多以小组合作的方式进行,儿童在小组内要与人合作、分享、交流等,让幼儿学会接纳和欣赏别人,学会与人交往协作,包括儿童之间,甚至与成人之间的交际。这种互相尊重、与人分享的价值观融入课程实施过

---

① [美]爱德华兹等.儿童的一百种语言[M].罗雅芬等译.台北:心理出版社,1998:99.
② [美]爱德华兹等.儿童的一百种语言[M].罗雅芬等译.台北:心理出版社,1998:11.

程中。

(3) 记录既是学习的过程，又是学习的结果。运用文字、录像、照片等视觉材料记录儿童与教师、家长间探索、学习、成功等活动的瞬间或过程，有利于教师更好地了解和分析幼儿、家长理解幼儿以及共同建构知识。瑞吉欧学校教室里的各种活动过程的资料记录，能获得幼儿的感、知和想等信息，也能看到幼儿一系列活动中的成长与发展。

瑞吉欧教育体系中，角色游戏、建构游戏、粗动作和精细动作活动以及其他活动是课程的一些重要组成成分。儿童在材料丰富的室内户外环境中，可以有足够的机会操作材料、玩积木、玩玩偶、进行娃娃家游戏，等等。

五、教师的角色

瑞吉欧教育体系中教师的基本角色既是教育者又是研究者，作为教育者，教师应该是引导型、方法型、因材施教型和创造型；作为研究者，教师应该是学习型和研究型。主要表现在：① 教师是儿童的伙伴、倾听者和活动的参与者，与儿童是平等的。② 教师是学校环境的设计者与布置者，引导儿童在讨论与协商中发展方案主题，开展方案活动。③ 教师是儿童活动的支持者和引导者，帮助儿童发现、明确自己的问题和疑问，鼓励儿童相互交流，共同活动，共同建构知识。④ 教师是学习者与研究者，在帮助儿童获得全面、和谐发展的同时，也要不断学习，不断研究，提升自己的专业素养。⑤ 教师是档案袋的记录者和保存者，通过档案袋对儿童活动进行记录，并为公共展示做准备。⑥ 教师是班级的主要管理者，要具备一定的行政沟通与交流技能，并在各级政府中都是积极的决策参与者和倡导者，与政府密切合作，关注社会及社区的发展。

瑞吉欧教育体系中的教师角色承担着极为复杂、精细和多层面的任务。他们要从集体成员中的每个个体的想法出发，设计集体活动，组织小组儿童学习；他们的行动是螺旋式进行的，每一次的理论与实践的融合，儿童活动的开展过程中，他们的思考和教学设计都在机动、有序地进行；他们对儿童行为活动进行记载和分析，并与儿童共同协商、讨论、合作，寻找教育的契机；他们是……总之瑞吉欧的教师们总是充满着自信与活力，他们在儿童行为之上进行着一次次的创新与突破。

六、课程的特点

1. 课程园本化

瑞吉欧·艾米利亚以其富裕、低失业率和犯罪率、广泛而高质量的社会服务以及高效和诚实的地方管理机构闻名于全国。这使得全民民主的意识根植于他们的经验和意识中,具有高度责任感、团结、互助的市民尊重文化传统和教育组织,以主人的身份关注教育发展。在著名的学前教育专家洛利斯·马拉古兹的指导下,结合意大利的文化传统,将杜威、克伯屈、皮亚杰、维果斯基的理论运用于幼教实践,该城市的教育工作者、家长和社区成员发展了一套独特而具有变革性的幼儿教育教学理论,创造了一个新颖而完善的学前教育体系。任何一种教育都有其特定的起点和文化背景,特定的意大利文化和独特的价值观念孕育了瑞吉欧学前教育系统。"但是不管一个教育模式或体系如何理想,它总是立足在当地的环境中。"①瑞吉欧·艾米利亚虽然拥有19个学前学校和13个婴幼儿中心,但是每一所学校与每一个中心都发展出属于自己的独特风格,丝毫没有去模拟任何一个单一的、完全不变的模型。"每一个幼儿园都有自己的过往和革新,属于自己的经验层次、独特的风格和文化程度,每一所学校都不同,我们不期望它们是从同一个模子印出来的。"②瑞吉欧所特有的、多彩的成果显示了幼儿园课程园本化的强大生命力。

2. 网络生成化

瑞吉欧方案教学是一种弹性课程与研究式的教学,主题来源于幼儿感兴趣的生活经验,主题网络生成化,"是三分之一的确定以及三分之二的不确定和新事物"③。以"恐龙"为例,主题网络是不断生成的,其中幼儿恰如整个主题教学的导演,而教师是追随者、助理、合作者和摄影师。幼儿、教师、家长是瑞吉欧课程网络的共同建构者,在活动中,儿童与教师、同伴互动,学校与家庭、社区间互动,并注重意义的分享、经验的分享。瑞吉欧课程虽然"没有计划",但有"事先考察",教师必须"俯瞰整个人类、环境、技术以及文化资源",展开全面性的考察以了解整个情势,"将知识转换成一百种语言,以及与幼儿之间的一百个对话"。网络的生成化对教师提出了更大的挑战,使得教师必须具备较高的专业素养,对儿童的需要和感兴趣的事物进行价值判断,高屋建瓴地不断调整活动,与家长进行课程审议,动态地协商学习。目前,有些教师在学习瑞吉欧的生成课程时有东施效颦之嫌,只是强调课程的生成,一味地跟着幼儿跑,一味地强调关注儿童当时的兴趣,而没有看到这样做的深层目的。教师

---

① [美]爱德华兹等. 儿童的一百种语言[M]. 罗雅芬等译. 南京:南京师范大学出版社,2006:3.
② [美]爱德华兹等. 儿童的一百种语言[M]. 罗雅芬等译. 南京:南京师范大学出版社,2006:163.
③ [美]爱德华兹等. 儿童的一百种语言[M]. 罗雅芬等译. 南京:南京师范大学出版社,2006:87.

应当基于对幼儿的了解和已有经验,"预成"在胸,关注幼儿的"生成",不过度介入,和儿童协商学习。

3. 环境课程化

瑞吉欧人将幼儿学校的环境称为"第三位教师"(瑞吉欧幼儿园的班上一般有两位教师),把幼儿园看作一个促进社会互动、探索、学习的"容器",一个有教育内涵、包含教育信息、充满各种刺激、能促进交互性体验和建构性学习的环境。瑞吉欧的幼儿园到处展示着儿童个体、小组或集体完成的工作以及大量的记录,体现着意大利文化及"园本文化",洋溢着对美、和谐和社会互动的关注;在材料的投放上也是颇费心思,尽力营造舒适、温暖、愉快的气氛以及令人感到自由、快乐的情境,以吸引和激发孩子对周围环境做出敏锐而积极的反应,进行深入的探索;同时创造一种交流的环境:人与人的交流、人与物的交流,寻求一种"我们的墙能说话"的境界。瑞吉欧学校优质、开放的环境设计让幼儿能以自己喜欢的方式与同伴表达、反思探索活动中的想法与问题,分享自己的经验,充分体现了环境课程化,实现了"环境教育"的功能。环境课程化将环境作为课程的载体,随着主题活动的开展和深入,环境的创设也不断丰富和充实,发挥环境的激发、过渡以及成果展示功能。值得注意的是,环境创设以师幼共同参与为主,共同讨论环境的布置方案,并多以幼儿的活动成果为主要环境创设资源,把环境创设的主动权交给孩子,使得幼儿成为环境创设的主体,成为环境创设的主人,成为环境的主人,让幼儿真正在"自己"的环境里生活、学习。

4. 学习可视化

"记录、记录、再记录!利用记录推动教师在职发展、家长投入、课程指导设计,支持幼儿自我学习。"[①]记录是瑞吉欧教育特色之一,瑞吉欧的教师通过持续、细心地观察、倾听幼儿,采用如笔记本、照相机、录音机、幻灯机、录像机等不同的工具,从不同的角度对幼儿在不同主题的探索活动中进行原始材料的收集和记录。教师通过对幼儿工作记录的点点滴滴,使幼儿的学习可视化。学习可视化使得幼儿具体的所说所为得以珍藏,见证幼儿的成长,并以此作为下一阶段学习的出发点;同时,可视化记录也为教育工作者提供了一个研究与不断改善更新的重要工具;它更提供了家长与一般大众认识幼儿园教育的详

---

① [美]爱德华兹等.儿童的一百种语言[M].罗雅芬等译.南京:南京师范大学出版社,2006:470.

细资讯,作为获取大众反应与支持的途径。以可视的方式记录幼儿的学习,记录课程的实施,让幼儿的学习看得见,并将所有的经验、反省、探讨以及代表教师、幼儿、家长的成长编织在一起。我国教师可以借鉴瑞吉欧记录的方法,进行课程实施记录,建立班级课程档案册,以此去研究儿童及其工作,去研究教师的教育、教学,促进教师的专业成长,激发家长和社会其他人员的积极参与,从而增进儿童学习的有效性。

第六节 经典"做中学"方案与课程启示

统观上述经典"做中学"方案与课程,其课程的基本思想都是基于杜威的"做中学"理论;其课程目标都是在兼顾社会需要的同时,更关注儿童个体的需要;其课程内容都来自儿童周围的生活环境,体现了教育生活化的幼儿园课程的独特价值;其课程实施都是采用单元的方法,围绕主题以行动为中心,强调"做中学";其评价都关注对儿童行为的观察,要求教师及时记录,注重过程性评价。但每一项课程方案或教学模式也都保留着自己独特的风格,都是教育家们针对传统教育的不足,结合时代特点和当地的社会文化背景,智慧地吸收或采用杜威"做中学"理论的精髓,不断发展和完善并创立起各具特色的课程体系。

任何课程或模式,若没有经过大幅的改变与调试,绝对无法原封不动地从一个文化背景移植到另一个文化背景。"将国外的模式大规模地移植进来是绝对行不通的,每一个社会必须解决它自己的问题,教育的创新绝不可能没有经过深度的诠释与调整,就从一个国家移植到另一个国家。"[1]在所有的情况下,最佳的(也是最长久的)学习过程是逐渐、谨慎、合作、随着缓慢但稳固的同化与调适过程慢慢发生,而非从一个教育体系狂野而突然地倒向另一个教育取向。必须站在自己的文化立场,通过跨文化的交流和对话,将教育理念融入现存教育状况,在实施与应用上增加其精致性以适应我国本土环境,建立属于我们自己独特的文化优点,以开放的心胸去创新和改变;立足于自身的教育实践,一切从实际出发,在特定的时间、特定的地区、特定的条件下,针对时弊进

---

[1] [美]爱德华兹等.儿童的一百种语言[M].罗雅芬等译.南京:南京师范大学出版社,2006:466.

行决策和调整，并愿意更加深入研究以解决问题。每一所不同的幼儿园都应结合整个中国文化以及当地区域性文化层级的传统与历史，借鉴先进的教育理念，树立科学的儿童观、教育观，从静态的模式模仿到活泼的系统领会，逐渐地、谨慎地、缓慢地将"做中学"精神融入自身的教育体系中，建构适合本园幼儿的课程体系。

【拓展阅读】

- 蒙台梭利本土化
- 解读瑞吉欧
- 高瞻课程的鼓励策略

第七章 国内经典幼儿园课程方案

第一节 陈鹤琴的"五指活动"课程

五指活动课程是由我国著名的幼儿教育家陈鹤琴先生创编的。陈鹤琴先生曾留学美国,师从克伯屈、孟禄、桑代克等名师,深受杜威进步主义教育思想的影响,反对传统的灌输式教学,主张"做中学"。1923 年陈鹤琴先生在南京创办鼓楼幼稚园,开始了探索中国化幼儿教育改革之路。在深入实践的基础上,融合各家理论所长,提出了活教育理论,创编了五指活动课程。课程的内容由五个方面组成,犹如人的五个手指,是灵活的、可以伸缩的,但又是整体的、连通的、互相联系的。五指活动在儿童生活中结成一个教育的网,有组织、有系统、合理地编织在儿童的生活上。

一、课程目标

陈鹤琴先生提出活教育的目的是教儿童做人、做中国人、做现代中国人,活教育的目标就是培养有强健的身体、有建设的能力、有创造的能力、有合作的态度、有服务的精神的中国人。陈鹤琴认为,课程是达成教育目标的工具,课程应为教育目标服务。因此,他从身体、智力、情感等方面提出了课程目标:① 做人:要有协作精神,同情心和服务他人的精神;② 身体:要有健康的体格,养成卫生的习惯,并有相当的运动技能;③ 智力:要有研究的态度、充分的知识、表意的能力;④ 情绪:应能欣赏自然美和艺术美,培养欢天喜地的快乐精神,消泯惧怕情绪。

二、课程内容

课程内容是实现教育目标的支柱,陈鹤琴先生倡导"活教材"——大自然、大社会才是活的书、直接的书,应该向大自然、大社会学习。他认为,学前儿童是在周围的环境中学习的,自然和社会这两种环境是儿童天天接触到的,应该以大自然、大社会为中心组织课程。设计和选择课程内容,必须符合学前儿童身心发展特点,应遵循三条标准:① 但凡儿童能学的东西,就有可能作为幼稚园的教材,但有时在"能学"的标准之下,还要有点限制,比如有些东西儿童能学,但学习会损害儿童的身心发育,那就不必勉强学。② 教材须以儿童的经验为依据。③ 但凡能使儿童适应社会的就可以取为教材。

陈鹤琴要求幼儿园的课程要与儿童的实际生活相结合,以"五指活动"来规定课程的内容。五指"是生长在儿童的手掌上的,……是指要注意儿童心理和生理的发展,但是不离社会实际,领导儿童作合理的活动,予以适当的教养"。"五指,是活的,可以伸缩,互相联系。"①五指活动的五个方面是:

(1) 健康活动,包括饮食、睡眠、早操、游戏、户外活动、散步等。

(2) 社会活动,包括朝夕会、周会、纪念日集会、每天的谈话及政治常识等。

(3) 科学活动,包括栽培植物、饲养动物、研究自然、认识环境等。

(4) 艺术活动,包括音乐(唱歌、节奏、欣赏)、图画、手工等。

(5) 语文活动,包括故事、儿歌、谜语、读法等。

这五个方面是相互联系的,就像人的五个手指,共同构成了具有整体功能的手掌。学前教育课程的全部内容包括在这五指活动之中。但是这五个方面是有主次之分的。陈鹤琴认为,儿童健康是幼稚园课程第一重要的。强国需先强种,强种先要强身,强身先要重视年幼儿童的身体健康。身体健康的儿童,性格活泼,反应敏捷,做事容易。为了儿童的现在和将来,幼稚园的教育应注意儿童的健康。为了培养儿童健康的身体,幼稚园应十分注意培养儿童良好的行为习惯,应带领幼儿多到户外活动。户外活动是保证和促进儿童健康的有力措施,不仅可以使儿童在接触自然中学到各种经验,还可以使他们呼吸到新鲜的空气,沐浴到充足的阳光,活跃儿童的精神,强健儿童的体魄,增加儿童的欢乐。

此外,幼稚园应特别注重音乐,因为音乐可以陶冶儿童的性情,鼓励儿童

---

① 北京市教育科学研究所.陈鹤琴全集(第二卷)[M].南京:江苏教育出版社,1989:613.

进取。幼稚园应创设音乐环境,培养儿童对音乐的兴趣,发展他们欣赏音乐的能力和技能。

三、课程组织编制

陈鹤琴在课程组织上反对分科教学,认为儿童的生活是整个的,课程也应该具有整体性,应互相连接,以适应儿童的身心有机发展,使五指活动在儿童生活中结成一个教育的网,有组织、有系统、合理地编织在儿童的生活上。陈鹤琴先生在对学前儿童心理和教育长期研究的基础上,提出了适合儿童身心发展的课程组织法——"整个教学法"——后改为"单元教学法"。陈鹤琴主张课程应从自然和社会中选择儿童感兴趣的又适合儿童的人、事、物作为中心,他认为自然环境就是各种动植物现象;社会环境就是个人、家庭、集体、社会等的交往活动,这些都是幼儿天天能够接触到的,综合这些内容,以单元主题来组织,各项活动围绕单元进行,使各科之间构成内在联系,形成整体,把儿童所应该学的东西整个地、有系统地交给儿童。课程编制应根据颁布的课程标准,根据当地的实际情况。

1951年,陈鹤琴先生发表了《幼稚园的课程》一文。在这篇文章中,他批判了欧美国家所实行的完全从儿童出发,缺乏系统性单元教学的课程编制模式,提出了适合我国国情的幼稚园课程编制应遵循的十大原则以及三种课程编制的具体方法。

十大原则是:

(1) 课程的民族性:课程应是民族的,不是欧美的。
(2) 课程的科学性:课程应是科学的,不是封建迷信的。
(3) 课程的大众性:课程应是大众的,不是资产阶级的。
(4) 课程的儿童性:课程应是儿童化的,不是成人的。
(5) 课程的连续发展性:课程应是发展连续的,而不是孤立的。
(6) 课程的现实性:课程应是符合形势实际的需要,而不是脱离现实的。
(7) 课程的适合性:课程应是适合儿童身心发展,促进儿童健康的。
(8) 课程的教育性:课程应是培养儿童五爱、国民公德和团结、勇敢等优良品质的。
(9) 课程的陶冶性:课程应是陶冶儿童性情,培养儿童情感的。
(10) 课程的言语性:课程应是培养儿童说话技能,以表达自己的情感和思想的。

根据以上十大原则,陈鹤琴先生修订了原定的教育目标,加入了五爱教育

内容,形成了由九项内容构成的课程结构:节日、五爱教育、气候、动物、植物、工业、农业、儿童玩具、儿童卫生。

陈鹤琴先生还提出了三种具体的课程编制方法:圆周法、直进法和混合法。

(1)圆周法。幼稚园每个年龄班预定的教育单元内容相同,研究的事物也相同,但所选教材的难度和分量应根据儿童年龄的不同而有所变化,各班要求由浅入深。

(2)直进法。就是将儿童生活中可能接触到的事物,依照事物的性质和内容的深浅而分布在各个不同年龄的班级里,不同班的课题和要求均不相同。

(3)混合法。"就是在编制课程的时候,以上二法均须采用。"即课题和要求有相同或不同。混合法是编制课程时采用最多的一种方法。

四、课程实施

"做中学、做中教、做中求进步"是课程实施的基本方法。陈鹤琴非常重视直接经验,强调以"做"为中心,主张儿童在学校里的一切活动,凡是儿童自己能做的,就应当让儿童自己做,因为做了就与事物发生直接的接触了,就能获得直接经验,就知道做事的困难,就认识了事物的性质。陈鹤琴把教学过程分为实验观察、阅读参考、发表创作、批评研讨四个步骤,同时提出了活教育的17条教学原则:鼓励儿童去发现他自己的世界;积极的鼓励胜于消极的制裁;大自然、大社会是我们的活教材;比较教学法;用比赛的方法来增进学习的效率;积极的暗示胜于消极的命令;凡是儿童自己能够做的,就应当教儿童自己做;凡是儿童自己能够想的,应当让他自己想;教学游戏化;教学故事化;教师教教师;儿童教儿童;精密观察;你要儿童怎样做,就应当教儿童怎样学;替代教学法;注意环境,利用环境;分组学习,共同研究。

这些教学原则特点鲜明,可以概括为活动性(做)原则、儿童主体性原则、教学法多样化原则、利用活教材原则、积极鼓励原则和教学相长原则等,包含了当代教育心理学和教学论所倡导的主要原则。其主旨思想在于通过教师的适当引导,在尊重儿童学习兴趣的基础上,调动儿童学习的积极性、主动性和创造性,鼓励师生共同参与教学活动,共同进步。

在课程实施方面,陈鹤琴主张通过环境的创设和材料的提供引起儿童的学习动机,教师要希望儿童做某种活动,或使儿童明了某种观念,就需要布置环境,投放材料以刺激儿童,暗示引导儿童。而且,在环境创设时要依据教育的内容变化而进行调整,并且材料的摆放要适合儿童。其次,陈鹤琴强调教学游戏化。游戏具有统整作用,在游戏中,学前儿童的身体能获得充分锻炼,展开丰富的想象,缓解紧张的情绪,体验活动的愉悦;游戏是学前儿童最喜欢的活动,是学前儿童的重要生活。儿童在游戏中、在活动中学习,能收到事半功倍的效果。学前儿童的课程最容易游戏化,采用游戏化方式组织课程,有利于学前儿童健康发展。

由于学前儿童都是具有差异的不同个体,每个儿童都是相对独立的,他们的智力发展水平不一,兴趣不同,课程实施应采用小团体式教学,使处于不同发展水平的儿童在相互作用中都获得长进。此外,陈鹤琴先生还提出比较法、比赛法、替代法、观察法等,主张教学故事化,强调通过多样化的方法,生动、形象、具体地向儿童进行教育,既可以增强教育效果,又使儿童的兴趣格外浓厚,在游戏和故事的场景中让儿童"不知不觉"地进入教学活动中。同时,教学中都以"做"为出发点,在做的过程中去学,在做的过程中去教,在做的过程中去求进步。

五、课程评价

陈鹤琴先生认为要回答幼儿园应当教什么,儿童做什么,做到什么地步,程度怎样,非得有种种标准不可。他说:"考察品行,应当有品行的标准;甄别习惯,应当有习惯标准;检验技能,应当有技能标准;检测知识,应当有知识标准。"知道了儿童的成绩,就可以施行相当的教育,扬长补短,促进儿童的发展。为此,陈鹤琴先生等编制了《幼稚生应有的习惯和技能表》,计185项,每项指标都很具体、明确,符合学前儿童的心理和认知上的特点,运用形象、生动、直观的方法对儿童进行检查与督察,开创了我国幼儿园课程评价的历史。

第二节 张雪门的"行为课程"

作为中国现代著名幼儿教育专家,张雪门早期对幼儿教育的影响遍及北方各省,与陈鹤琴一起被并称为"南陈北张"。张雪门依据杜威"教育即生活"的理论和陶行知的"知行合一"思想,创编了行为课程,提倡幼儿教育生活化,幼儿生活教育化,对中国幼儿园课程的改革和发展做出了重大的贡献。

一、行为课程体系形成背景

早在20世纪30年代初,原南京高等师范学校的教授董任坚翻译了《行为课程》一书,当时正值行为主义学说在我国传播。张雪门也在此时开始了他对幼稚园行为课程的研究,曾先后在《幼稚教育概论》、《幼稚教育新论》、《新幼稚教育》等著作中对幼稚园的课程问题进行了专门的探讨。1946年去台湾以后,他继续致力于幼稚园课程的研究,于1966年出版了《增订幼稚园行为课程》一书,初步形成了他的"行为课程"的理论体系。张雪门说过,幼稚园"教育从生活发生,也从生活而开展,它不是文化的点缀品,也不是文化的橱窗。在有组织、有计划的实行和检讨中,求快乐圆满的境界,才是幼教的最高理想"。张雪门的此番话语,反映了他对开发和发展行为课程的境界。

张雪门一方面受中国传统文化的影响,其中王阳明的"知是行之始,行是知之成"直接影响了其行为课程的理论构建,他强调"从行动中所得到的认识,才是真实的知识;从行动中发生的困难,才是真实的问题;从行动中所获得的胜利,才是真正制驭环境的能力"[①]。此外,他还受实用主义教育思想的影响,他十分重视幼儿的直接经验,课程则是人类的经验,强调幼儿与环境的相互作用,促进幼儿的反应与活动。1918年前后,克伯屈的"设计教学法"传入中国,张雪门身体力行,以此为基础,发展成动机、目的、计划、实行和评价的行为课程的一般程序。张雪门根据我国的实际情况,借鉴国外理论与实践经验,走上了我国的幼儿园课程本土化与科学化的探索道路。

二、行为课程的含义

张雪门关于课程本质的理解在不同的时期发生了一些变化,经历了从"经验"到"行为"的转变。

在《幼稚园的课程》一书中,张雪门认为:"课程是经验;是人类的经验,用最经济的手段,按有组织的调制,用各种的方法,以引起孩子的反应和活动。"[②]幼稚园的课程"就是给三足岁到六足岁的孩子所能够做而且喜欢做的经验的预备"。由此可见,课程就是经验。但是,需要注意的是,张雪门先生并不把所有的自然经验都看作课程。因为自然经验太零碎、太紊乱,自然经验的获得太不经济,自然经验仅有适合简单环境的常识,不足以供高深专业的需

---

① 戴自俺.张雪门幼儿教育文集(下卷)[M].北京:北京少年儿童出版社,1994:456.
② 戴自俺.张雪门幼儿教育文集(下卷)[M].北京:北京少年儿童出版社,1994:369.

求。在他看来,课程是有选择的经验,是有价值的经验,"是适应生长基本价值的选品,随时代而变迁"。张雪门先生批判了当时学校把课程仅仅看作"知识"乃至"书本"的倾向,认为要改造民族,首先要打破有关课程的谬见,恢复课程的本来面目。课程的本来面目是什么?"课程原是人类生活有价值的经验。只为这些经验对于个人和社会都有绝大的帮助,所以人类要想满足自己的需要、适合社会的生活,便不得不想学得这些经验。这些经验不是一经过选定就固定不变的,而是随着时代需要有变迁,适应时代的经验于是也有变迁,而课程的内容更不得不随之而变。""所谓变更课程的内容者,不过适应当代的需要,以合于生长的原则罢了。"

课程是一个变化的范畴和概念,人们对于课程的理解也会发生变化。在20世纪20年代,张雪门先生把课程主要理解为经验,经过选择的有价值的经验和材料,这种经验随着时代的变化而变化。到20世纪60年代,他对课程的本质有了新的理解。在《增订幼稚园行为课程》中,张雪门提出了"行为课程"的概念,并系统论述了他关于行为课程的思想。那么何为行为课程?张雪门是这样解释他的"行为课程"的:"生活就是教育;五六岁的孩子们在幼稚园生活的实践,就是行为课程。……这份课程包括了工作、游戏、音乐、故事等材料,也和一般的课程一样,然而这份课程,完全根据于生活:它从生活而来,从生活而开展,也从生活而结束。不像一般的完全限于教材的活动。"[1]幼稚园课程应强调直接经验。行为课程"首先应注意的是实际行为,凡扫地、抹桌、熬糖、炒米花以及养鸡、养蚕、种玉蜀黍和各种小花,能够实际行动的,都应让他们实际去行动。从行动中所得的认识,才是真实的知识;从行动中所发生的困难,才是真实的问题;从行动中所获得的胜利,才是真实的驾驭环境的能力。游戏、故事、唱歌等教材虽然也可以表演,然而代表不了实际行为"[2]。

张雪门的幼稚园行为课程理论的基本思想就是"生活即教育"、"行为即课程",强调通过儿童的实际行为,使儿童获得直接经验;同时要求根据儿童的能力、兴趣和需要组织教学,主张采取单元设计的方法,打破各种学科的界限。

三、行为课程的目标

张雪门的行为课程目标的制定是在充分分析了儿童心身与环境、个人与社会、现在与将来的关系后提出的。他认为"儿童所反应的是他们自己环境里

---

[1] 戴自俺.张雪门幼儿教育文集(下卷)[M].北京:北京少年儿童出版社,1994:1088.
[2] 戴自俺.张雪门幼儿教育文集(下卷)[M].北京:北京少年儿童出版社,1994:394.

的社会的希求,绝不是成人的社会"①。因此,幼儿课程目标首先要满足儿童身心的需求。从科学的儿童观出发,张雪门认为儿童的身心发展是有特别的规律的,教育必须从儿童的能力、兴趣和身心发展水平出发,才有可能促进儿童的发展。

其次,他提出"幼稚园课程的目的,在于联络孩子们的旧观念,以引起其新观念,更谋其旧经验的打破,新经验的建设"②。因此要养成扩充经验的方法与习惯。根据杜威教育就是经验的改造或改组的观点,张雪门主张着重培养儿童改造旧经验,扩充新经验的方法,而不是像传统教育总是急于塞进去很多新经验,那样只能适得其反。

最后行为课程目标还要培养其生活的能力。当时中国需要的是能够自食其力的劳动者和建设者,不再是手无缚鸡之力的一介书生。这一目标不仅体现了当时时代的特征,而且在幼儿教育唯智化倾向愈演愈烈的今天,依然值得我们借鉴。

四、行为课程的内容

课程是经过选择的有价值的经验,是儿童的直接的实际的行为和活动。课程是儿童生长需要的材料。而儿童不仅是自然的人,也是社会的人。因此,为儿童发展所选择的经验,必须具有社会意义,同时又必须适合儿童发展的需要,但首先应从儿童的生活环境中搜集材料。这些材料的来源,"仍不外由于儿童的本身和其所接触到的环境"。即幼稚园课程来源于学前儿童直接的活动。张雪门认为,可以构成儿童课程来源的直接的活动有如下四种:儿童自发活动;儿童与自然界接触而产生的活动;儿童与人事界接触而产生的活动;人类智慧所产生的经验,而合于儿童的需要者。

张雪门先生首先确定了选择幼稚园教材的标准或条件。他认为,教材的功能在于满足儿童的需要,自然应在儿童的生活里选材。例如按气节的变化,根据儿童生活环境的事物与事件,包括动物、植物、自然现象、节令、纪念日、风俗等,按照每个中心来收集和整理与之相关的文学上、游戏上、音乐上、工作上的材料,形成系统的、科学的教学材料。教材应该从儿童的直接经验中选择有价值的部分,加以合理的组织。因此,真正适合儿童发展的教材,应该符合以下四个标准:教材必须合于现实社会生活的需要;教材必须合于社会普遍生活

---

① 戴自俺.张雪门幼儿教育文集(下卷)[M].北京:北京少年儿童出版社,1994:181.
② 戴自俺.张雪门幼儿教育文集(下卷)[M].北京:北京少年儿童出版社,1994:128.

的标准;教材必须合于儿童目前生长阶段的需要;教材必须合于儿童目前的学习能力。

上述四种标准不是各自分裂的,而是互相联系的。选择教材,应该进行全面的思考,须配合教育宗旨、教育政策、社会需要及幼儿的能力。

五、行为课程的组织

幼稚园课程是为幼稚园的儿童所设计和准备的,应能促进儿童健康活泼的发展。因此,幼稚园课程必须适合儿童的年龄特点。张雪门认为幼稚园的课程,应根据儿童自己直接的经验,不能是学科式的;学科式的课程不适合儿童生活的。张雪门认为,编制幼稚园课程时应特别注意三点:① 幼稚生对于自然界和人事界没有分明的界限;他们看宇宙间的一切,都是整个儿的。② 幼稚生时期,满足个体的需要,实甚于社会的希求;编制课程时,不能忽视社会的希求,但更应注意儿童现在的需要和能力。③ 幼稚园的课程,应根据儿童自己直接的经验。

根据学前儿童的身心特点,张雪门构建了幼稚园课程结构和相应的教育目标,认为幼稚园课程由游戏、自然、社会、工作与美术、故事和歌谣(言语与文学)、音乐、常识等方面组成。每一方面都包括许多具体的内容:

游戏活动:感觉游戏、竞争游戏、社会性游戏、猜测游戏、表演游戏、节拍游戏等;

自然活动:饲养小动物、种植植物、观察自然现象、旅游参观、科学小实验等;

社会活动:有关家庭的认识活动、参观附近的社会场所和设施、了解各种职业的活动、了解其他社会团体的活动、节日和纪念日活动等;

工作和美术活动:参加家庭与学校的工作、模拟成人的职业工作、模仿成人家庭的工作、美术工艺活动等;

言语文学活动:自由谈话、特殊谈话、有组织的团体谈话和活动、述说故事(动物故事、神仙故事、浅近的科学故事、笑话、寓言、名人故事、传说)和歌谣(儿歌、民歌、谜语、游戏歌)等;

音乐活动:听音乐、辨音、拟音、唱歌、演奏简单的乐器等;

常识活动:关于衣、食、住、行方面的生活活动,关于家庭、邻里、工厂、商店、公共机关和社会团体方面的认识活动,关于节日和纪念日的活动,以及其他自然方面的活动。

六、行为课程的实施

张雪门的行为课程中,"行为"一词与"活动"、"做"是同义的。张雪门认为,生活就是教育,行为课程包括幼儿在幼稚园的生活实践,因此他强调的是让儿童在"做中学"。他指出行为课程的要旨是以行为为中心,以设计为过程。只有行为,没有计划、实行和检讨的设计步骤,算不得有价值的行为;只有设计,没有实践的行为又是空中楼阁。所以,行为课程的实施应当是起于活动而终于活动的有计划的设计。行为课程既经设计,则应根据设计精选有助于儿童生长进步的自然的良好行为,指导进行。同时,在进行中须把握住远大而客观的标准,并注意劳动中亦须劳心的原则。由于行为课程的实施系采取单元教学,它一般是先根据儿童的学习动机,决定学习目的,再根据目的估量行为的内容。行为课程的内容可以包括幼儿的工作、游戏、音乐、故事儿歌,以及常识等科的教材。但在实施时,则应彻底打破各学科的界限。在活动进行中,教师应在各科教材中选择与学习单元有关的材料,加以运用,适当配合幼儿实际行为的发展,使各科教材自然地融会在幼儿生活中,力求做到从生活中来,从生活而发展,也从生活而结束。教师在课程进行前要准备教材、布置环境、详拟计划;在课程进行中,教师要随时巡视指导,不重讲解,而着重指导幼儿行为的实践,使幼儿在活动中养成负责守法、友爱互助等基本习惯。

七、行为课程的评价

在活动结束后,评量与检讨也是重要的一环,教师可以此了解幼儿的知识、思考、习惯、技能、态度、理想、兴趣等方面的成就,作为改进教学的参考。"行动终了,接着便须检讨,不论做得好做得坏,都应像审判一样的来考察:好的在哪一点?坏的在哪一点?为什么好?更为什么坏?幼童如果明白了好或坏的所在和好或坏的原因,然后才能将成功失败的原因组织在自己的经验中,更可以加强下次活动趋避的倾向。"[①]张雪门先生要求教师对儿童的行为进行持续的观察和记录,了解儿童的行为经验,对儿童在活动中产生的经验作细致的分析,以便引导儿童的行为进入下一个活动阶段。

---

① 戴自俺.张雪门幼儿教育文集(下卷)[M].北京:北京少年儿童出版社,1994:1100.

第三节 陶行知的生活教育

陶行知(1891—1946),安徽歙县人,毕业于金陵大学文学系,中国人民教育家、思想家。生活教育理论是陶行知教育思想的理论核心,提出了"生活即教育"、"社会即学校"、"教学做合一"三大主张,这一生活教育理论被称为"中国新教育的基石"。他先后创办晓庄学校、生活教育社、山海工学团、育才学校和社会大学等践行自己的教育主张。他一生积极投身于教育教学的探索、实践与发展,"捧着一颗心来,不带半根草去。行知耕耘自铭,陶情咏志励民"是陶行知的人生写照。

一、生活课程的目标

陶行知的生活课程目标首先是让人成为人,成为"真人",成为"活人",即培养儿童的健全人格。陶行知说过,"千教万教教人求真,千学万学学做真人",即认为课程目标是让人成为"真人"。同时他还认为,要"读活书,活读书,读书活",要让儿童成为一个"活人"。他认为,道德是做人的根本,根本一坏,纵然你有一些学问和本领,也无甚用处。陶行知认为,生活即教育,生活决定着教育,有什么样的生活,就有什么样的教育,教育是生活的需要。他主张,应该"为生活而教育","为生活的提高、进步而教育","为生活的向前向上的需要而教育"。"大众为生活解放而办的教育",其课程目标应是改善生活,应是让儿童在以后过上更好的生活。陶行知认为,课程目标要培养儿童的创造力。他在《创造宣言》中强调:"处处是创造之地,天天是创造之时,人人是创造之人,让我们至少走两步退一步,向着创造之路迈进吧。"他把对儿童的创造力的培养当作一个重要的课程目标。陶行知还认为,生活课程目标要培养儿童的终身学习能力。他认为,人的学习从人出生时就已经开始,一直到进棺材才结束,所以生活课程目标需要考虑儿童的终身学习,应培养儿童终身学习的能力。他主张德智体美劳的全面发展,他的《每天四问》要求学生每天作修身四问:"第一问:我的身体有没有进步? 第二问:我的学问有没有进步? 第三问:我的工作有没有进步? 第四问:我的道德有没有进步?"

二、生活课程的内容

陶行知主张,课程内容应是以生活为中心的活的知识,而没有以生活做中心的书本是死书本。是生活就是教育,不是生活的就不是教育。他强调,生活课程内容主要包括:① 要重视将生物学等学科的知识作为生活课程的内容,要培养儿童的创造能力。要教儿童发明生活工具,制造生活工具,运用生活工具,要解放儿童的头脑,为此必须有科学知识作为基础。② 重视艺术课程。他主张,应教儿童美术、音乐等课程以陶冶儿童的情感,并使儿童形成对"艺术的兴趣",培养儿童的品德。③ 重视儿童的体育。针对当时中国社会积贫积弱的状况,为改造社会,改造中国,应提高中国儿童的体育精神。他主张应"以国术(即武术)培养康健的体魄,以园艺来培养农人的身手"。

三、生活课程的资源

首先,陶行知认为"生活即教育",因此,生活中的一切便是课程资源。其次,陶行知认为,生活课程的资源来源于社会。他认为,整个社会都是生活的场所,因而也都是教育的场所。这样,社会的教育资源也就是学校的课程资源,社会到处是生活,也就是社会到处是教育资源和课程资源。

陶行知认为,生活课程资源来源于生活。生活决定教育,生活是教育的中心,"通过生活才能发出力量而成为真正的教育","人生需要什么,我们就教什么。人生需要面包,我们就得受面包教育……是那样的生活,就是那样的教育"。①"全部的生活都是我们的课程"②,生活是课程资源的源头。同时他还认为,我们的实际生活就是我们的全部课程,我们的课程也就是我们的实际生活。

四、生活课程的实施

陶行知认为,课程的实施需要做到使理论与实践相结合。陶行知提倡"教学做合一",强调"行是知之始,知是行之成"等,重视课程实施过程中的实践。陶行知重视课程实施过程中的教育与生活的联系。他认为,为着要过有意义的生活,我们的生活力必然地要冲开校门,冲开村门,冲开城门,冲开国门,冲开无论什么自私自利的人所造的铁门。因此,他强调,在课程实施过程中需要

---

① 《陶行知全集》编辑委员会. 陶行知全集(二卷)[M]. 成都:四川教育出版社,1991:491.
② 《陶行知全集》编辑委员会. 陶行知全集(三卷)[M]. 成都:四川教育出版社,1991:278.

使课程与具体的生活相结合,教师要充分考虑儿童的经验,重视儿童的学习兴趣,关注社会的现实。陶行知还十分重视课程实施过程中的创造性要求。他主张,教师应改革教学方法,应"教活书,活教书,教书活",即在教学过程中创造性地进行教学。

五、生活课程的评价

陶行知反对传统意义上的课程评价制度,反对为考试而教、为考试而学的做法。他说:"儿童是学会考,教员是教人会考,学校是变成了会考筹备处。会考所要的必须教;会考所不要的,不必教,甚至于必不教。于是唱歌不教了,图画不教了,体操不教了……所要教的只是书,只是考的书。"他指出,当时"中国现代之会考制度"是"自杀杀人的制度",所以必须"停止那毁灭生活力之文字的会考"。陶行知主张,课程评价应关注儿童的创新能力和实践能力的培养,主张创造性地进行考试:"不逼迫他赶考,不和家长联合起来在功课上夹攻,要给他一些空闲时间,消化所学,并且学一点他自己渴望要学的学问,干一点他自己高兴干的事情。"可见,在陶行知那里,课程评价的目的是培养儿童的生活能力和实践能力,培养儿童的创造能力。

【拓展阅读】
- 陶行知
- 陈鹤琴
- 张雪门

第八章 幼儿园课程发展历程

第一节 国外幼儿园发展历程

一、古代国外幼儿教育

原始社会是人类历史发展的第一阶段,在人类历史发展的第一阶段就有了教育,其中也包括幼儿教育。幼儿教育与人类社会并存,但是幼儿教育内容、形式则是与一定的社会经济结构、生产力发展水平以及人类认知水平相适应的。虽然在原始社会初期,公养公教是幼儿教育的主要形式。虽然没有幼儿园那样较为系统的幼儿教育场所,但是教育内容丰富,包括灌输氏族、部落、家庭的成训、禁忌、风俗之类的道德内容及简单的劳动技能。在原始社会,教育和生活、劳动结为一体,幼儿在游戏中模仿成人的生活和劳动。

家庭产生以后,特别是进入阶级社会(最先是奴隶社会)后,幼儿教育则在家中进行,幼儿课程主要在家中由父母以及家庭教师教授。这个时期的幼儿教育在内容和形式上都有很大的变化。

在古代希腊、罗马,以当时的教育实践为基础,产生了原始的但是又涉及多方面内容的幼儿教育理论的雏形,幼儿教育课程也在雏形中萌芽。柏拉图、亚里士多德、昆体良在这方面都做出了很大的贡献。在西方教育史上,柏拉图是第一个提出较为系统的学前教育思想的人,他为幼儿安排了广泛的教育内容,包括故事、寓言、诗歌、音乐、艺术、体育锻炼等,通过对儿童施加合适的影响,促成其良好习惯的形成。亚里士多德是教育史上第一个做出儿童生长发育年龄分期的尝试,在教育的第一期,相当于学前阶段,以顺应自然和习惯培养作为这一阶段的培养目标,根据这两个目标来设置幼儿教育的课程内容。

中世纪前期是压制儿童欢乐、嬉戏本性流露的残酷时代。直到文艺复兴时代,人们的观念才有所转变。文艺复兴时期资产阶级的发展以及人本主义思想的流行,带来了幼儿教育上的变革。近代资产阶级理论的奠基者夸美纽斯对学前教育给予了极大的关注,第一次将学前教育列入学制,撰写了世界上第一部学前教育专著,全面论述了在家庭中实施学前教育的理论。在晚期著作中,夸美纽斯在康帕内拉等前人的思想的基础上,进一步发展为有系统、有组织的公共学前教育的设想。

二、近现代的幼儿园课程发展

1. 发展背景

17世纪中叶以后,欧洲产生了许多杰出的教育思想家。以洛克、卢梭为代表,分别继承、发展了古代的外铄论和内发论的思想。卢梭的思想以其鲜明的反传统性标志着教育思想发展进程中的一场重大变革,并成为儿童本位论的代表。

18世纪末叶后,家庭幼儿教育逐渐为有目的、有组织、由一定公共机构实施的社会教育所取代。资本主义时代促使了社会幼儿教育的产生:为了适应妇女就业的需要,或作为慈善事业,为保护和救济贫苦儿童而设立了社会幼教机构。当然也有少数机构是为了使富人的子女受到更好的教育。社会幼儿教育是社会发展到一定程度的产物,也是社会生产力及人们认识发展的产物,在人类社会生活中产生了巨大的作用。

2. 近现代幼儿园课程发展阶段

随着近现代社会幼儿教育及公共幼儿教育的发展,幼儿园也相继产生并且发展,伴随幼儿园的不断发展,幼儿园课程体系在其发展中也不断发展,大致可以分为三个阶段:

第一,创建阶段。约从18世纪末到19世纪下半叶,欧美各国及日本先后创建了第一批幼儿学校及幼儿园等机构。在此期间,法国牧师奥伯林于1770年在布鲁德堡处创办慈善性的编制学校,"一般的幼儿教育史都把它看作幼儿教育设施历史开端的象征"。这一机构的招生对象为所在地区贫民的3岁以上的幼儿,教学内容包括:标准法语、宗教赞美歌、格言、观察和采集植物、绘画、地理、做游戏、听童话故事、传授缝纫及编制方法。学校每周只开放两次,没有系统的幼儿课程体系。德国教育家福禄贝尔于1837年在勃兰根堡创办幼儿园,他堪称历史上第一位将主要精力倾注于幼儿教育研究与实践的教育家,分别为法、英、德三国同类幼儿教育机构之始。福禄贝尔根据"自动"和"创造"的教育原理,重视幼儿的教育活动和游戏,不断开发幼儿园课程,建立起以活动和游戏为主要内容的幼儿园课程体系,包括歌谣、恩物、作业、运动游戏和自然研究。他所创立的幼儿园课程系统对后世的影响深远。

第二,确立阶段。约从19世纪下半叶到20世纪二次大战前。在这一时期,随着各国经济的发展和初等义务教育的普及,社会对幼儿的需求日益加强,公共幼儿教育开始得到长足发展,在一些国家还逐渐取代社会幼儿教育,成为幼儿教育的主流。进入20世纪后,儿童中心主义教育思潮席卷世界,儿童身心发展问题开始受到各国政府的重视。在这一时期,幼儿教育课程理论也得到了长足发展。意大利教育家蒙台梭利制定了有别于福氏的以感官教育为基础的教育教学体系,根据幼儿不同时期身心发展的特点提出了系统的幼儿课程内容和实施方法。

第三,发展和改革阶段。约始于二次大战。战后,在新技术革命推动下,社会生产力有了进一步的提高,对人的素质提出了更深层次的要求,加之由于教育学、心理学的新成果,使得重视早期教育的思想深入人心。20世纪60年代以后各学派对幼儿园课程发展都提出了各自相应的观点:

(1) 认知学派的幼儿园课程

皮亚杰的认知发展理论与历来的发展理论相比,独特而新颖,其关于儿童思维认知结构的研究成果为学前教育开辟了一个广阔的天地。从20世纪60年代开始,以皮亚杰理论为指导的学前课程的开发空前活跃起来。到现在为止,实施的主要认知派课程有拉瓦特里的早期儿童课程,怀卡特的认知性课程,威士康星大学研究小组的皮亚杰课程,凯米和德芙里斯的皮亚杰认知理论课程,等等。这当中又尤以凯米、德芙里斯的课程和怀卡特的课程最著名。其中凯米课程的指导方法有4个特点:① 儿童的生活和自发活动。② 课程中重视儿童认知发展与社会性、情绪发展的密切结合,这不仅体现在课程目标上,也落实在课程实践中。③ 重视课程内容与过程的统一。凯米认为,对皮亚杰结构主义的深入理解,开始注意到知识的发展是通过内容(具体的经验)和结构的相互依存关系而实现的,两方面均不能忽视。④ 重视课程内容的结构化。

(2) 英国"学会学习"的幼儿园课程

该课程由英国伦敦大学教育学院、儿童发展和早期教育系高级讲师奥德·科迪斯于1986年提出。该课程的理论基础正是布伦金指出的英国初级课程的三大基础,即进步主义教育理论、儿童发展心理学前理论和哈多·普洛登报告。科迪斯赞同哈多报告中对课程的阐述,课程不应是知识和事实的贮存,而应考虑活动和经验。课程旨在发展儿童作为人的基本能力,启发他们对文明生活的兴趣,并使这些兴趣和能力充满儿童的生活。"学会学习"学前课程正是这一课程观的具体化。科迪斯规定了课程的五大目标和七部分课程内容,课程对象为3~5岁儿童,同时围绕七个发展领域选择适合儿童的活动和游戏,将之组织起来,便构成"学会学习"的幼儿园课程。遵从进步主义教育理论的原理,科迪斯指出该课程的中心是儿童主动的活动。教师的作用主要在于为儿童提供一个适宜的、民主的、有认知价值的、材料丰富的、有多种选择可能和探究机会、表现机会、创造机会的环境;了解每个儿童的个性和兴趣而进行个别指导;了解儿童的各种需要,他们想做什么,想说什么,正在说什么,正在做什么,不失时机地为他们创造表现、探索、创造的新机会。在这样的指导下儿童将开始学习怎样学习,他们将相信学习是一种愉快的有益的体验,从而最终学会学习。

(3) 行为主义理论的幼儿园课程

幼儿早期教育中,许多课程直接反映了当代行为主义心理学的影响。其中最有代表性的是美国开端计划(Head Start)中设计的学前课程。这类课程的共同目标是帮助处境不利儿童发展智力,以使他们在未来学校教育中有更多的成功机会,从而有助于中止贫困和社会底层间的恶性循环,促进社会的平等和安定,其直接目标是对上小学所必需的读写算、语言等进行早期指导。如恩格尔曼、贝瑞特的课程方案,DARCEE早期训练计划,阿帕拉奇尔早期教育课程方案等都属此类。恩格尔曼的课程内容以语言、计算、阅读为中心科目,以与推理有关的语言现象为基础。语言方面要求儿童掌握一定的词汇量、推理等。计算方面要求儿童学会数数和初步的加减法。阅读方面要求儿童能识一定数量的字,在教师指导下完成简单的阅读任务。

(4) 结构化幼儿园课程

日本爱知教育大学教授西头三雄儿在他主编的《保育内容总论》(1983)中总结了长期实践经验,将结构化幼儿园课程模式化。西头先生认为,幼儿园课程的内容应是与儿童发展相适应的直接、间接经验的总体。它既包括教师为儿童安排的必要的经验、活动,同时也包括幼儿自发进行的创造性活动。活动按照幼儿教育的目标、幼儿身心发展的需要,以及幼儿园、社区的实际情况进行选择、排列、组合。但不同教育者在目标上各有偏向,结构的内容也因此而不同。西头先生以儿童发展的目标为中心目标,将幼儿形成健全的人格所必需的经验、活动按其特点分类、组合,并顺应幼儿的发展水平将其系统化,在分

类组合与系统化统一的基础上来把握课程内容的结构,以这一结构为基础再制定具体条件下的具体课程计划或教案。

三、现代幼儿园教育的课程模式

幼儿教育的课程模式是从属于儿童发展理论及教育指导思想的,美国儿童心理学家、教育家科尔伯格及梅耶1972年曾在《教育目的的发展》一文中对此进行探讨,并且归纳为三大体系:浪漫主义、文化传递论、进步主义。也有人概括为发展成熟论、行为环境论及认知相互作用论模式。虽然对其有所分类,但是考察具体内容会发现其实大同小异。

浪漫主义发展或成熟论模式:这一模式视发展即成熟,教育为内发,儿童身心发展的一定成熟程度是其适当学习的重要准备,要求发展要顺应儿童的天性,注重儿童整体发展,不应强行塑造或加速其发展。教师应该根据儿童身心发展的现有水平设计适当的教学内容,提供适当的活动材料,令儿童在无压力的气氛中按自己发展的速度前进,身心得到自由、自然的发展。同时重视通过游戏结合儿童自身的生活经验进行学习,这一模式一般被认为是源于卢梭,并以卢梭的追随者格塞尔以及弗洛伊德的有关理论为基础设计的。代表人物有奈思和霍奇斯等。

文化传递论或行为环境论模式:这种模式与主张自由教育的发展成熟论模式相反,把环境作为影响儿童发展主要因素,认为教育的作用在于传递知识、技能、价值观念及社会道德规范,认为通过恰当的设计活动和教师行为影响,儿童就能学会任何东西。教师用预先制定的教学大纲严格地控制整个教学过程,利用刺激—反应的基本原理,采取直接传授和快速反馈的教学办法,对正确的反应给予奖励,反之则予以否定及纠正。教学内容比较注重读、写、算,同时要求有课本,有固定的学习时间。行为主义为被认为是为这一模式提供了心理学的依据。代表人物有美国"结构教育学"体系的创立者贝瑞特、恩格尔曼等。

进步主义或认知相互作用论模式:这一模式介于上述两种模式之间,视儿童的发展是主体(儿童)和客体(社会环境)相互作用所造成的认知结构变化的结果,知识的发展是内外因相互作用的结果。教育的基本原则是帮助儿童积极主动地积累知识经验,发展儿童的智力;教学内容应该与不同年龄阶段儿童的智力发展水平相适应。在这一课程模式中,教师不是简单地灌输知识,而是发挥激励、引导的作用,以认真选择教材和活动类型,鼓励儿童自己动手,在活动或者实际操作中发现并解决问题为自身的任务。这一模式源自于杜威,同

时也是依据皮亚杰的认知发展理论设计得来的。

四、国外幼儿园课程发展的特点

国外幼儿园课程发展到现在,纵观其发展历程,呈现出以下特点:

1. 幼儿园课程的多样化

幼儿园课程的多样化指课程目标的多样化、课程实施途径的多样化、课程模式的多样化及课程种类的多样化。

(1) 幼儿园课程目标多样化

幼儿园课程目标的多样化有两方面含义:一是指幼儿园课程在培养人的方面的多样目标(体力、智力、语言、情感、社会等);二是在幼儿园课程目标的表述方面的多样化。世界各国的幼教界尽管各不相同,但大多是围绕着德、智、体、美及个性的和谐发展来阐述的。例如加拿大提出要帮助儿童在身体、社会性、情感、认知上得到和谐发展;阿根廷提出要发展儿童的体力,促进儿童的心理、智力、情感、自制力的发展,加速儿童社会化,为入小学学习做好准备;美国提出要培养儿童社会交往的能力、自我服务的能力,提高儿童的自尊水平、学习能力,培养儿童思考的技能、学习准备的技能,增强儿童语言和文学的能力,发展儿童的独立性,促进儿童的均衡发展,等等。

(2) 幼儿园课程实施途径的多样化

幼儿园课程实施途径的多样化,是指幼儿园课程的实施除了在幼儿园以外,还有家庭和社区的利用。社区在幼儿园课程中的作用体现在两个方面:一是作为课程资源供教师使用;二是充当博物馆、展览馆、天文馆、玩具图书馆及到大自然中去体验生活等进行幼儿园课程活动,完成课程目标。关于后者,主要通过社区志愿者组织活动(如新加坡的流动故事站)或公司行为来完成的。

(3) 幼儿园课程模式的多样化

课程模式的多样化则是指幼儿园课程的实施采用多种模式,根据不同的标准,课程模式的划分方式也不相同。而在现实中,我们大多以课程实施的主体来划分,通常有教师中心模式、儿童中心模式、教材中心模式、开放教育模式、活动(游戏)中心模式等。例如在美国,不同的幼儿园常常以自己幼儿园所欣赏的课程(或教育)模式来给自己的幼儿园命名,常见的有福禄贝尔式、蒙台梭利式、杜威式、皮亚杰式等。G.哈立维认为在澳大利亚学前教育发展过程中,主要存在三种课程模式,即学科中心模式、儿童中心模式、相互作用模式。

(4) 幼儿园课程种类的多样化

幼儿园课程种类的多样化主要指幼儿园课程的显性课程和隐性课程,国

外的幼儿园除了常见的按科目划分的课程如语言、游戏、科学等显性课程以外,隐蔽课程在今天也受到高度重视。澳大利亚、新西兰、美国、芬兰、瑞典、丹麦、法国等国特别对学前隐蔽课程予以重视。由于受教育民主化、"机会均等"等因素的影响,当然还有教育理论的更新,除了为正常儿童设计的课程外,还有为生病的儿童及残疾儿童设计的课程。

2. 幼儿园课程的现代化

幼儿园课程的现代化主要体现在幼儿园课程内容的现代化和实现课程实现手段的现代化。

(1) 幼儿园课程内容的现代化

幼儿园课程内容的现代化包括两个方面,一是科学教育在幼儿园课程体系中占据十分重要的地位,二是不少国家的幼儿园也都开设了外语课程。在美国、英国、法国、澳大利亚、日本、韩国、新加坡等国家,科学教育成为幼儿园课程的重要内容。同时,根据可持续发展战略,美国、澳大利亚、新加坡、日本等国家把培养儿童环保的观念也纳入了重要的议题。日、韩等国把外语的学习也纳入到幼儿园课程的范畴。

(2) 幼儿园课程实现手段的现代化

计算机进入幼儿园应该说是当今幼儿园课程的又一发展趋势。在美国,现在所有的幼儿园都普及了电脑,在专职电脑教师的辅导下,三四岁的孩子就在键盘和鼠标前"触摸未来"。英国的幼儿园为了使儿童学得轻松愉快,取得好的教育效果,注意运用信息技术辅助教学,做到图文并茂,有些班级还备有一台计算机,儿童可任意使用。在加拿大,由于远程信息传输技术的应用日趋成熟,为幼儿园到1、2年级的儿童和少年开设系统课程的"虚拟学校"也应运而生。法国、澳大利亚、瑞典也都把计算机、网络等纳入了学前教育规划。

3. 幼儿园课程的多元化

在美国,儿童很早的时候就意识到了他们在肤色、语言以及生理能力等方面存在的差异。教师提供给儿童的多元文化方面的课程往往是通过在课堂上主动讨论差异性和平等性等问题来培养并促进儿童潜能的充分发展。澳大利亚幼儿园的多元文化教育,要求儿童能了解本国文化和别国儿童的文化,对本国文化有积极的意识和自豪感,意识到每个儿童的文化背景虽然不同,但都是平等的,使儿童学会理解和尊重各国儿童的独特性。瑞典是一个多民族多文化的国家,对来自不同文化背景、讲不同语言的儿童给予适当的教育。在丹麦的学前教育机构中,政府给移民儿童安排相同籍讲同种语言的教师和教育辅

助人员,同时还专门为移民儿童培训教师,使教师了解不同国家的文化,会讲不同国家的语言。法国的教育家也把发展多元化课程作为未来学前教育的努力方向。

4. 幼儿园课程的个性化

当今幼儿园课程的设计不仅要考虑儿童的共性,更要重视儿童之间的个性差异。例如在美国,专家们认为每个儿童都是一个独特的个体,由此而提出了个性化课程。这种课程要求教育更倾向于把儿童看成是一个个体,而不是一个同年龄的群体。教育工作者必须一切从实际出发,因人而异,用新的方式去对待各具特点的儿童,做到因材施教。这种教育也意味着尊重儿童的特点,用发展的态度看待他们的各种能力,重视其家庭、文化、社会以及以往的生活经历、知识经验和现实环境对他们的影响。在新西兰,教育专家要求"教师在编制幼儿园课程时要满足每个儿童在某一特别方面、特别时间、特别地点、特别的一天或特别的发展水平的特别需要"。儿童年龄越小,越要加大课程的变化性和个体性的力度。

5. 幼儿园课程的园本化及一体化

(1) 幼儿园课程的园本化

幼儿园课程的园本化是指幼儿园作为一个教育机构,在遵守国家总的教育目标、课程目标的前提下,在幼儿园课程的决策上享有一定的自主权。在幼儿园课程目标的表述方面,各国尽管根据本国的情况提出了各自的要求,但在具体的实施过程中,各教育机构总是根据自身的条件进行决策。从各国政府要求幼儿教师从儿童的个性出发来设计课程可以看出,幼儿园课程的决策权是在教师手中的。如有的国家要求教师在设计幼儿园课程时考虑到班上的儿童数(如在澳大利亚,课程内容往往还要考虑到班上特殊儿童的种类和数量)更是这种权力的体现。

(2) 幼儿园课程的一体化

幼儿园课程的一体化则主要指幼儿园课程与小学课程在要求上尽可能地保持连续性,不至于因为小学与幼儿园对儿童的要求不同而产生焦虑。德国、美国、澳大利亚等国家就各有不同的做法。如法国政府在1990年颁布的《教育法案条例》中规定,在理解儿童的学习阶段上使幼小保持一致。

课程的以上几个特点在不同的国家有不同的表现,与幼儿教育改革朝着科学精神、人文关怀的发展方同是一致的,体现了幼儿园课程对科学、儿童个性、人类情感的尊重,也遵循了课程发展的三中心(学生为中心、知识为中心、

社会为中心）原则。

第二节 国内幼儿园课程发展历程

幼儿园教育是我国基础教育的重要组成部分,是学校教育和终身教育的奠基阶段。幼儿园课程作为幼儿园教育的核心部分,是实现幼儿园教育目标的基本保障,直接关系到每一个幼儿的健康发展。我国的幼儿园课程作为一门专门的研究领域,其历史并不漫长,本节将以时间为线索,描述自清末至新世纪初幼儿园课程发展的历程,分析幼儿园课程在不同阶段的发展特点及总体特点。

一、清末幼儿园课程的萌芽

(一) 清末学前教育机构产生及蒙养院制度

1840年,英国帝国主义者用利炮打开了中国的大门,从此,中国一步一步沦为半殖民地半封建社会,中国的教育也逐渐沦为半殖民地半封建性质。帝国主义列强在华投资办厂,商品倾销,进行经济掠夺;明末清初资本主义萌芽促进了民族资本主义工商业发展;洋务派兴办一批实业,大量工业企业的出现,逐渐打破了我国男耕女织、自给自足的自然经济形态,许多农民和手工业者破产,许多妇女手工业者纷纷进入工厂,家庭承担不了儿童的照顾,学前教育机构具有了市场需求。

19世纪二三十年代,西方帝国主义对华进行无情的掠夺和压榨,民族矛盾激化,在激烈的民族斗争中,一些仁人志士意识到西方资本主义文明的优越性,开始睁眼看世界,魏源等开明的地主阶级知识分子提出"师夷长技以制夷",开启向西方学习的先导;以"自强、求富"为口号的洋务派,兴办各种洋务事业,开工厂、造军舰、培养留学生等,使得中国的传统教育逐步向近代教育过渡,洋务运动在教育方面最显著的成就是1862年第一所新式学堂"京师同文馆"开办,他们传授西方语言和科学技术,成为中国传统教育结构改变的领军之势。

在这一西学东渐的过程中,近代西方幼儿教育观念不断被引入和传播。经过明治维新以后大力发展起来的日本,在幼教方面借鉴福禄贝尔和欧美的幼儿教育理论,并在后期形成了具有日本特色的幼儿教育模式,并于1899年颁布了独立的幼儿教育规程——《幼稚园保育及设备规程》。当时我国到日本考察、留学的人士逐步将日本的幼儿教育介绍和引进到我国;清政府与帝国主义者签订不平等条约后,帝国主义者为了对国人进行文化渗透,西方传教士进入中国开办育婴堂、孤儿院等学前教育机构。此外,康有为的《大同书》论述了其关于教育体系的设想,在幼儿教育方面主要是开设人本院(用于儿童未出生及出生后半年的胎教)和育婴堂(供断乳后的婴儿至5~6岁的儿童接受学前教育),体现了"公教"、"公育"的思想。

这些共同促成了中国幼儿教育事业的发展,1904年,清政府颁布了中国近代史上第一个法定学制《奏定学堂章程》,它包含了各级各类学校的具体章程,涉及幼儿教育的主要是《奏定蒙养院章程及家庭教育法章程》(以下简称《章程》),它是我国近代第一个关于幼儿教育的法规,标志着我国幼儿教育被纳入国家规划发展的新阶段。

《章程》有"蒙养家教合一"、"保育教导要旨及条目"、"屋场图书器具"、"管理人事务"四章,较明确地指出了幼儿教育机构的名称,包括保教的对象、宗旨、科目及内容、年限、设备、管理等方面。其保育的目标主要有:"一、保育教导儿童,专在发育其身体,渐启其心知,使之远于浇薄之恶风,习于善良之轨范。二、保育教导儿童,当体察幼儿身体气力之所能为,心力知觉之所能及,切不可强授以难记难解之事,或使之为疲乏过度之业。三、保育教导儿童,务留意儿童之性情及行止仪容,使趋端正。四、儿童性情极好模仿,务专意示以善良之事物,使则效之,孟母三迁即此意也。"[1]蒙养院的保教内容主要是:游戏、歌谣、谈话、手技。

蒙养院制度确立下来后,在具体兴办过程中有官办和民办两种形式。官办蒙养院主要有湖北幼稚园、北京京师第一蒙养院、湖南蒙养院、福建公办蒙养院、上海公立幼稚舍、湖南省女子师范附属蒙养院等。民办的蒙养院如1904年上海务本女塾附设幼稚舍、1905年天津严氏蒙养院(附设在严氏女子小学内)、1907年上海私立爱国女学社附设蒙养院等。这些学前机构虽然名字不尽相同,但主要附设在育婴堂和敬节堂内,保教对象为3~7岁的儿童,是如今幼儿园的雏形。这一时期的蒙养院已初具规模,在课程方面大都以章程为纲,各院有些改动。比如湖北武昌蒙养院的课程主要有行仪、训话、幼稚园

---

[1] 中国学前教育史编写组.中国学前教育史资料选(全一册)[M].北京:人民教育出版社,1989:96.

语、日语、手技、唱歌、游戏七项;湖南蒙养院的课程主要有谈话、行仪、读方(日本的儿童文化)、数方(点数器具)、手技、乐歌、游戏七项;严氏蒙养院的课程内容有手工、唱歌、故事、游戏四项。

　　清末蒙养院制度,是我国学前课程发展的起步阶段,课程普及面比较狭小,教育目标虽然涉及德智体美等方面,但还较简单,课程内容大都是日本的舶来品,尚未形成本国特色。此外,外国教会办的一些幼儿园还带有很浓的宗教性,向幼儿灌输外国宗教思想,在教育内容上也唱外国歌、行外国礼、玩外国玩具等。这些幼教机构产生于"发育不良"的半殖民地半封建社会,也只是一个畸形儿。但总的来说,《章程》拉开了我国近代幼儿教育的序幕,具有开拓意义。

二、民国幼稚园课程本土化的探索与发展

　　自清末蒙养院制度确立后,中国人办起了诸如湖北武昌幼儿园之类自己的幼儿园,在幼儿园里实施自己的幼稚园课程。但一方面这些课程常常穿戴的是东、西洋的"外套"和"衬衣",并不适合我国的国情;另一方面,受幼稚园数量限制和封建传统教育束缚,这些幼稚园大都是达官贵人孩子的专利,普通百姓子女仍然受教于家庭。在这种情况下,我国的幼教经过了反思与实验,探索出了一条本土化、科学化的幼稚园课程。

(一)壬子癸丑学制与蒙养园制度的建立

　　1901年丧权辱国的《辛丑条约》的签订彻底激化了民族矛盾,资产阶级发起了民主主义革命,武昌起义取得成功,辛亥革命取得了胜利,推翻了清王朝的统治,结束了中国两千多年的封建帝制,1912年成立"中华民国",民族资产阶级在教育上实行了一系列的改革。

　　1912年,南京临时政府成立,曾经留学德法的民族资产阶级爱国人士蔡元培首任教育总长,其教育视野开阔,教育理念先进。在他和留学日本、欧美的归国人员及重要政界人士的努力下,壬子癸丑学制诞生了。"注重道德教育,以实利主义、军国民教育辅之,更以美感教育完成其道德"[①]的新教育宗旨是其指导思想,也反映资产阶级对当时教育工作的要求,也为学前教育的改革奠定了思想基础。

　　壬子癸丑学制中将学前教育机构命名为蒙养,附属在女子师范学校下。

---

① 曲铁华.中国教育发展史纲[M].长春:东北师范大学出版社,2006:128.

蒙养园制度的内容中规定的招生对象为满三周岁至入国民学校年龄的幼儿，其保育目标是："保育幼儿，务令其身心发达之度相副，不得授以难解事项及令操过度之业务"，"幼儿之心情容止，宜常注意使其端正，并示意善良之事例，令其则校"。蒙养园制度的课程内容为"游戏"、"唱歌"、"谈话"、"手艺"四项。还规定了蒙养园设置园长，幼儿保育者为保姆，但是保姆必须有国民学校正式教员或助教的资格，或者经检验合格的人担任。

但是南京国民临时政府成立不久，北洋军阀复辟，掀起了"尊孔复古"的逆流，在这种形势下，幼儿园课程科目基本还是清末时期的日本舶来品，整体没有多大改变。总体来说，这一时期，我国幼儿园课程才刚刚起步，其课程宗旨、课程目标、课程内容和课程实施方法等方面试图照顾到幼儿身心发展特点，并且借鉴日本等国，为我国幼儿园课程发展带来了新气象。

（二）新学制与幼稚园制度的确立

1919年的五四新文化运动是中国民主革命的重要转机，他们创设了多元文化的氛围使得世界上各种教育思潮、教育理论得以传入。从清末直接引进日本改造的福禄贝尔教育思想，到直接从西方介绍引进福禄贝尔思想，例如1912年《教育杂志》上刊登的《美国幼稚园略述》介绍了福禄贝尔的教育。蒙台梭利的儿童教育思想最早见于1913年《教育杂志》刊载的志厚译的《蒙台梭利女史之新教育法》。除此以外，杜威的实用主义思想从民国初年开始经蔡元培等人介绍也在中国大地上崭露头角，并以杜威1919年来华讲学达到高潮。杜威的"教育即生活"、"学校即社会"、"做中学"等命题与强调恩物或作业的福禄贝尔和蒙台梭利的课程不同，它强调儿童的兴趣、儿童实际的经验，儿童是教育过程的中心等，在中国掀起一股热潮。

除了西方教育思想的引进，20年代以后西方儿童心理学研究成果的专门译著开始出现，例如艾华编的《儿童心理学纲要》（1923年商务印书馆），陈大齐译德国人高五柏（R. Gaupp）著的《儿童心理学》（1925年商务印书馆）等，这期间陈鹤琴在系统了解西方儿童心理学成果的基础上，对长子陈一鸣从出生开始持续808天的观察和追踪记录，写成了《儿童心理之研究》，开创了中国儿童心理学体系研究。

在"五四运动"和新文化运动的影响下，民主、科学的观念深入人心，人们的教育观念也在转变。在教育上体现为追求个人人格的健康发展、个人特长的充分发挥；教育要人人平等，兼顾劳心者、劳力者；还要追求教育的实用化，注重职业技术、自然科学的教育等。20世纪二三十年代产生了这样的教育繁荣、百家争鸣的局面，人们不断对传统儿童教育做出思考，批判中国传统封建

宗法制使得儿童只是家庭的隶属品,成人对儿童具有绝对支配权,促使了我国幼儿教育的科学化和中国化。

1922年,壬戌学制颁布,也称"六三三"学制。这一学制以"适应社会进化之需要、发扬平民教育精神、谋个性之发展、注意国民经济力、注意生活教育,使教育易于普及,多留各地方伸余地"为宗旨,在这个学制中将"蒙养园"更名为"幼稚园","六三三"学制推动了我国学前教育的进一步发展。

(三) 幼稚园课程的诞生

新学制颁布后,陶行知、陈鹤琴等人在1928年5月召开的全国第一次教育会议上讨论通过了陶行知提出的"审查编辑幼稚园课程及教材案",即要编制一个符合我国幼儿和国情现状的幼稚园课程标准。通过鼓楼幼稚园、晓庄乡村幼稚园等园的经验积累以及陶行知、陈鹤琴等人在幼教领域的研究,1932年10月教育部正式公布了《幼稚园课程标准》。该幼稚园课程标准由教育总目标、课程范围和教育方法要点三部分组成。

第一部分为教育总目标:① 增进幼稚儿童身心之健康。② 力谋幼稚儿童应有快乐和幸福。③ 培养人生基本优良习惯(包括身体、行为等各方面的习惯)。④ 协助家庭教养幼稚儿童,并谋家庭教育的改进。第二部分介绍了课程内容,包括音乐、故事、儿歌、游戏、社会和常识、工作、静息和餐点共7项,每一项均有具体的目标、内容及最低限制要求。第三部分为教育方法和要点,教育方法有17条,比如充分利用大自然、大社会;教师是儿童活动的把舵者等。

在"五四运动"及新文化运动的影响下,新学制及幼稚园课程标准的建立,使得全国进行了一系列幼儿园课程办学,有公立和私立的,有附属在其他学校内的,也有单独设置的,形式多样。七种比较典型的是南京高等师范附属小学下设的幼稚园(公办性质)、厦门集美幼稚园、南京鼓楼幼稚园、北京香山慈幼院(私立性质)等。

民国《幼稚园课程标准》作为民国第一个学前课程标准,经过1936年修订后一直沿用到40年代末,从教育总目标、课程范围到教育要点等都比较全面、具体。民国时期陈鹤琴、张雪门、张宗麟、陶行知等幼儿教育专家在实践的基础上对幼稚园课程的概念、目的、发展目标、内容来源及课程编制和评价等方面进行了深入研究,提出了有价值的观点。如幼儿园的课程内容应以大自然、大社会为中心,课程内容范围广泛、具体实用,课程编制采用"单元教学法"等,都是根据我国幼教的国情编制的,是学前教育本土化、科学化的重要成就;借鉴融合西方先进的学前教育思想,在教育观和儿童观上,体现了杜威的教育即生活、教育即生长的实用主义的哲学思想,重视幼儿的实际生活中的直接经验,强调儿童在活动中学习,注重儿童的个性发展和兴趣,让儿童在大自然、大社会中学习,极大地改变了教育家们的课程观念,对以后的课程改革与发展都产生了深远的影响;最后,这一次的幼稚课程在早期幼教专家的不断经验总结上产生了许多重要的著作成果,例如张雪门的《幼稚园的研究》、《幼稚园课程编制》,梁士杰的《幼稚园教材研究》。此外,课程还体现了面向全体儿童,全面发展的课程观;从课程目标上可以看出谋求儿童等,介绍和谈论幼稚园课程的理论与实践进展情况,课程研究气氛活跃。

总之,20世纪二三十年代,是我国幼儿园课程第一个较大发展时期,研究者们首次比较全面地对课程进行了独立探索,形成了崭新的儿童观、教育观,建立了适合我国当时幼教发展的课程实施模式,特别是《幼稚园课程标准》的颁布,促进了我国幼稚园课程空前的发展。但是此次课程改革也有诸如课程目标不完善、缺少美育目标、课程内容忽视知识的系统性和逻辑性、课程模式单一化等缺点。

三、战时幼稚园课程的发展(20世纪40年代至1949年新中国诞生)

20世纪30年代末至40年代末,是中国人民抗日战争和解放战争时期,我国学前教育课程随着战争的进展产生了新的特点。1937年7月7日,日本发起卢沟桥事变,从此八年抗战开始。为了适应战时形势需要,1938年4月,中国国民党临时全国代表大会制定了战时各级教育实施方案纲要。纲要规定了:"幼稚教育,应保育与教导并重,增加幼儿身心之健康,使其健全发育,并培养其人生基本的良好习惯。施教对象应推广及与贫苦儿童。"[1]1939年12月,教育部颁布《幼稚园规程》,教育目的方面的规定与《幼稚园课程标准》相同。1943年,教育部将《幼稚园规程》修正为《幼稚园设置办法》,规定招收4~6岁儿童,必要时招收3岁以下儿童。但是战时环境下使得这一文件形同虚设。

抗战时期,幼稚园大都毁于战乱,岌岌可危,中国共产党提出了"重视保育事业,抚养革命后代"的学前教育方针,并在1938年3月成立了中国共产党战时儿童保育会。战时的儿童保育院除了对儿童进行保育与教育外,主要还对幼儿进行爱国主义教育,培养爱国主义精神;注重劳作教育,培养儿童的劳动习惯,树立劳动创造世界的观念;教育方法上坚持教育与劳动实践相结合。战

---

[1] 中国学前教育史编写组.中国学前教育史资料选(全一册)[M].北京:人民教育出版社,1989:96.

时的幼儿保育院对于挽救和教育难童起到了重要作用,但是由于混乱的战争环境,保育院在课程设置和实施方面还不尽完善和细致。

解放战争时期,中国共产党逐步扭转战争局势,从局部胜利走向全面胜利。新的形势下,党中央在对教育工作也作了新的部署。1946年12月颁布的《战时教育方案》号召"各级学校及一切社教组织,亦应立即动员起来,发挥教育上的有生力量,直接或间接地为自卫战争服务"①。要教育儿童了解父母的工作、体谅父母,同时继承父母艰苦朴素的精神。爱国主义教育旨在初步培养幼儿热爱祖国和人民的感情;在劳动教育方面:主要是教育儿童自我服务、为集体服务、手工劳动、观察和参加一些成人劳动;在智育方面:重视智力开发,如简单知道太阳、月亮、风雨,对常识发生兴趣等。主要教育原则有:在爱的基础上教育儿童,在生活中教育儿童,站在儿童的立场上教育儿童,坚持正面教育等。在课程内容方面设置了常识、唱歌、游戏、故事、工作(折工、纸工、泥工、涂色)、体育、识数等。在教材方面,老解放区大都坚持生活教育,让儿童在实际生活和体验中认识和了解事物。在教学方法上,采用直观教学法、比较教学法和三化教学法(即教学故事化、教学游戏化和教学歌曲化)。

总的来说,老解放区的幼稚园课程比较稳定,教育内容和教学方法等都体现出战时特征,适时适地,比较适合儿童的特点,兼顾儿童兴趣和学习效果,并且注重与家庭的联系和配合。

四、新中国幼儿园课程的改革与发展

1949年中华人民共和国成立,开创了我国历史发展的新纪元,我国进入社会主义社会。新的社会形态,由于经验不足我国经历了不同的历史时期,并在摸索中不断发展,付出了惨重的代价,同时也取得了巨大的成就。

(一) 50年代到70年代:从学习苏联,在探索中发展到发展无序,严重政治化

新中国成立,中国社会半殖民地半封建的社会性质彻底得到改变,百业待新。在和平稳定的环境中,国民经济恢复发展,文化建设欣欣向荣,党和国家日益重视幼儿教育事业的发展,有了更充沛的精力思考新中国的幼儿教育。1951年10月,中央人民政府政务院《关于学制改革的决定》规定:"实施幼儿教育的组织为幼儿园。幼儿园收3~7足岁的幼儿,使他们身心在入小学前获

---

① 陈元晖. 老解放区教育简史[M]. 北京:教育科学出版社,1981:127-128.

得健全发展。"新中国作为一个新兴的社会主义的国家经验不足,得到了苏联的大力支持。1952年中共中央做出了加快社会主义改造、全面学习苏联社会主义建设经验的决定,在教育上实行"一边倒"的政策,幼儿教育方面也掀起了全面学习苏联的幼教理论和幼教实践。苏联幼儿教育专家戈林娜、卡尔波娃和马努依连柯相继来华讲学,介绍苏联幼教的理论和经验以及指导我国的幼儿教育工作。50年代,苏联的《教育学》(凯洛夫)、《学前教育学》等书的翻译出版都对当时中国学前课程产生了巨大的影响,全国各地幼教工作者积极组织学习苏联的《幼儿园教养员工作指南》和《我的儿童教育工作》两本书籍。

1952年,教育部颁布了由戈林娜等人指导下的《幼儿园暂行规程(草案)》和《幼儿园暂行教学纲要(草案)》。《幼儿园暂行规程(草案)》规定了幼儿园对幼儿进行初步的全面发展的教养工作,教养内容应与幼儿的实际生活相结合,使幼儿有独立活动和完成简单任务的机会,习惯于集体生活,使必修作业、选修作业及户外活动相结合,家庭教育与幼儿园教育相结合。其主要目标是:① 培养幼儿基本卫生习惯,注意其营养,锻炼其体格,保证幼儿身体的正常发育和健康;② 培养幼儿正确运用感官和语言的基本能力,增进其对于环境的认识,以发展幼儿的智力;③ 培养幼儿爱国思想,国民公德和诚实、勇敢、团结、友爱、守纪律、有礼貌等优良品质和习惯;④ 培养幼儿爱美的观念和兴趣,增进其想象力和创造力。这一目标充分体现了体、智、德、美全面发展的思想和幼儿身心发展的特点。为了实现教育目标,《幼儿园暂行规程(草案)》还规定幼儿园以整日制为原则;幼儿活动项目有:体育(包括日常生活、卫生习惯、体操、游戏、舞蹈和律动等)、语言(包括谈话、讲述故事、歌谣、谜语)、认识环境(包括日常生活环境、社会环境、自然环境)、图画手工(包括图画、纸工、泥工、其他材料作业等)、音乐(包括唱歌、表情唱歌、听音乐、乐器表演)、计算(包括认识数目、心算、度量)。幼儿园不进行识字教育,不举行测验。《幼儿园暂行教学纲要(草案)》对幼儿园各科教学包含目标、教材大纲、教学要点和设备要点四个方面作了具体的规定。《幼儿园暂行规程(草案)》和《幼儿园暂行教学纲要(草案)》是在苏联学前教育专家的指导下形成的,它们初步奠定了新中国幼儿教育的课程模式。

50年代后期,随着我国政治、经济、文化各方面的迅速发展,幼儿园数量不断增加,对幼儿园教育质量的要求也不断提高,在苏联幼教专家马努依连柯的指导和北京师范大学学前教育教研室共同努力下,《幼儿园教育工作指南》应运而生。《幼儿园教育工作指南》由总论、小班中班大班的教育内容与教法、幼儿园的家长工作三大部分组成。总论部分对教育任务和儿童年龄特征、幼

儿园的环境和卫生条件进行了阐述;第二部分分别对小、中、大班的文化卫生习惯的培养、体操和活动性游戏、认识社会生活和语言发展、认识自然和发展语言、计算、音乐教育、美术的内容及教法进行了阐述;第三部分对家长工作的重要性、工作的方式方法等进行了阐述。虽然《幼儿园教育工作指南》的基本思想与苏联的幼教理论是一脉相承的,但它力图克服幼儿园课程改革中出现的缺陷,体现理论联系实际的原则,力争结合新中国的实际情况。因此,它的编写对50年代幼儿园课程起了一定的积极作用。"《指南》的编写标志着50年代的幼儿园课程改革的进一步深入,它是对上述两个文件的充实、完善和说明。"①1953年至1965年,国民经济发展三个五年计划实施,此时学前教育的发展与经济发展的经历一致,1958年由于政治原因而遭到彻底批判,从此我国幼儿园课程改革和发展出现了较大的曲折。

这一时期对幼儿园课程发展的评价如下:

1. 我国幼儿园课程在全国范围内真正具有了统一性

清末我国的幼儿园课程开设比较混乱,教会幼稚园的宗教课程、日本式的蒙养院课程、福禄贝尔、蒙台梭利的课程等,这些课程都是国外的舶来品,并不适合我国幼儿的身心发展。20世纪二三十年代"民国"颁布的第一个幼稚园课程标准,虽然它是中国化、科学化的幼稚园课程,但是各地自由较大,课程统一性不强。到了抗日战争和解放战争时期,战时情形下,敌占区、国统区、解放区的幼儿园课程也不一样。只有新中国成立后,1952年教育部颁发的《幼儿园暂行规程(草案)》和《幼儿园暂行教学纲要(草案)》才在全国实行,具有了统一的课程标准,对于幼儿园教育的尽快恢复和发展具有重要作用。但在后期实施中却把此标准尊为信条,幼儿园课程实施不够灵活和机动,在一定程度上阻碍了幼儿园课程的发展。

2. 初步确立了较为全面系统的幼儿园课程内容体系

幼儿园课程改革克服了旧幼稚园课程的诸多弊端,建立了符合我国新中国成立之初社会需求的幼儿园课程,初步确立了新中国幼儿园课程体系,为以后的幼儿园课程改革与发展奠定了基础。这一时期确立了更加全面系统的课程内容体系。由于创立了体、智、德、美全面发展的课程目标及内容体系,较30年代的《幼稚园课程标准》中的音乐、故事和儿歌、游戏、社会和常识、工作、静息、餐点课程更为系统。而《幼稚园暂行规程(草案)》规定的幼儿活动项目

---

① 唐淑.幼儿园课程基本理论和整体改革[M].南京:南京师范大学出版社,1998:147.

有：体育、语言、认识环境、图画、手工、音乐和计算。其中，计算是《幼稚园课程标准》所没有涉及的，这有利于儿童系统地掌握各个方面的知识与技能，增加了儿童掌握课程内容的难度。

3. 建立起了有目标有计划的分科教学课程模式

分科教学注重知识的系统性和完整性，便于选取和组织教学内容、制订教学计划、进行教学评估；便于知识的统一传授、教材统一编排，有利于儿童在较短时间内掌握大量的知识等优点，实现教学组织形式上的有效衔接等更适合刚刚建立的社会主义新中国的政治、经济、文化条件。而且经由苏联的实践和苏联的心理学、教育学理论的支撑，日趋完善和成熟，"任何课程模式都是一种时代与文化的产物，因而往往都有自己更适合的社会条件和文化土壤"[1]。分科教学模式更能适应新形势下我国学前事业的发展，并且是幼儿园最普遍的一种课程模式，在中国实行了近三十年。

总之，50年代幼儿园课程改革初步创建了社会主义幼儿园课程体系，改变了以前课程的社会性质，创立了体、智、德、美全面发展的课程目标和全面系统的课程内容，建立了分科教学模式，为以后的幼儿园课程改革提供了方向，为社会主义幼儿园课程体系的不断丰满与成熟奠定了一个良好的基础。但是50年代的幼儿园课程改革却没有处理好课程与政治的关系，一切"以俄为师"，对苏联的学前课程照搬照用，全盘否定本土化的学前教育理论与实践，否定欧美优秀的教育思想，使得幼儿教育发展单一化。将单元课程与分科课程完全对立，尤为重视学科的结构，忽略儿童兴趣和生活经验，忽略了儿童的身心健康发展。

1966年至1976年，十年"文革"内乱，学前课程发展处于"无序"状态，全面发展的学前教育方针被严重歪曲和横加批判，幼儿教育形式变成了供成人观赏的大型团体操表演和大型运动会；在智育方面，传授知识和发展智育最重要，使得幼儿生活枯燥单一；在德育方面，则完全政治化，政治口号代替日常行为规范，甚至参加"批林批孔"活动；美育成为资产阶级思想和情调的表现，等等。总之，幼儿园课程在这一时期已经完全歪曲，教育管理体制被破坏，幼儿园课程成为政治斗争的牺牲品，完全失去了幼儿特性，产生了不良的社会影响。

---

① 施良方.课程理论——课程的基础、原理与问题[M].北京：教育科学出版社，1996：106.

(二) 1976年至90年代的幼儿园课程发展的科学化、规范化

十年"文革"动荡过去,中国的各项工作逐步开始走上正轨。十一届三中全会后,国家实行改革开放,决定把全国各项工作的重点转移到以经济建设为中心的四个现代化建设上来,为经济等各项事业的发展带来契机,政治上拨乱反正,幼儿教育的发展也迎来了一个春天。1983年,邓小平提出了"教育要面向现代化,面向世界,面向未来"的教育指导方针,是中国教育的改革发展方向。1985年5月正式颁布和实行《中共中央关于教育体制改革的决定》,其中指出当时教育在教育管理体制、教育结构和教育思想、教育内容与教育方法上存在的问题,如"不少课程内容陈旧,教学方法死板,实践环节不被重视,专业设置过于狭窄,不同程度地脱离了经济和社会发展的需要,落后于当代科学文化的发展"等,并指出"在实行九年义务教育的同时,还要努力发展幼儿教育"。在幼儿教育师资方面,1980年的《幼儿师范学校教学计划试行草案》,规定了幼儿师范学校的培养目标、修业年限、课程设置、教育实习与生产劳动及其实践分配等政策,为幼儿教育事业的发展提供了师资保障。西方先进的儿童心理学、课程理论和学前教育理论等不断引入国内,国际国内的学术交流也日渐增多,同时对陈鹤琴、陶行知等人的中国化、科学化的学前课程思想进行理性思考和评价,对苏联的学前教学论仍继续借鉴。因此,80年代课程改革在日益繁荣的经济形势下,有党和国家的重视,有先进且丰富的理论基础如皮亚杰的儿童认知发展理论、人本主义理论、布朗芬布伦纳的人类发展生态学、泰勒等人的课程思想,以及苏联幼儿教育专家乌索娃的学前教学论思想。这些共同促成了我国80年代幼儿园课程改革与发展。

在上述背景下,各地幼教工作逐步恢复,幼教队伍不断壮大,适应时代发展的幼儿园教育的任务和目标呼之欲出,幼儿园课程势在必行。教育部于1979年11月颁发了《城市幼儿园工作条例(初稿)》,规定幼儿园必须贯彻保教结合的原则,将课程分为卫生保健和体育锻炼、游戏和作业、思想品德教育等几大部分。80年代的幼儿园课程改革以《幼儿园教育纲要(试行草案)》的颁布与实施为标志。主要包括三个方面的内容:第一部分规定了幼儿的年龄特征与教育任务。概述了3~6岁儿童的身心发展年龄特征并根据我国的教育方针和幼儿教育工作的实际需要,指出幼儿园的教育任务应向幼儿进行体、智、德、美全方面发展的教育,使其身心健康活泼地成长,为入小学打好基础,为造就一代新人打好基础根据此纲要,提出对幼儿进行体、智、德、美全面发展教育。第二部分规定了教育内容和要求。按小班(3~4岁)、中班(4~5岁)、大班(5~6岁),从生活卫生习惯、体育活动、思想品德、语言、常识、计算、音

乐、美术8个方面,教育内容增加了生活卫生习惯和思想品德两个部分。第三部分规定了教育手段和注意事项。提出幼儿园是通过游戏、体育活动、上课、观察、劳动、娱乐和日常生活等各种活动进行教育,不再局限于"作业"这种单一的教育手段;更加强调了幼儿的年龄特征,防止幼儿教育小学化倾向。教育部组织有关专业人员编写了新中国成立以来第一次全国统编幼儿园教材,有幼儿园体育、语言、常识、美术、计算、游戏和音乐教材共七种,并按三个年龄班的特点,编制了共9册教材出版发行,供幼教工作者参考使用,对我国的幼儿教育做出了巨大贡献。

1989年6月,国家颁布《幼儿园工作规程(试行)》,明确规定:"幼儿园是对三周岁以上学龄前幼儿实施保育和教育的机构,属学校教育的预备阶段。"幼儿园保育和教育的主要目标是:"促进幼儿身体正常发育和机能的协调发展,增强体质,培养良好的生活习惯、卫生习惯和参加体育活动的兴趣。发展幼儿正确地运用感官和运用语言交往的能力,增进其对环境的认识,培养有益的兴趣和动手能力,发展智力。萌发幼儿爱家乡、爱祖国、爱集体、爱劳动的情感,培养诚实、勇敢、好问、友爱、爱惜公物、不怕困难、讲礼貌、守纪律等良好的品德、行为、习惯,以及活泼、开朗的性格,萌发幼儿初步的感受美和表现美的情趣。"[①]1990年,全国幼教研究会第三届理事会将"幼儿园课程结构改革"改称为"幼儿园教育整体改革",这标志着90年代的幼儿园课程改革进入了一个新的阶段。90年代,幼儿园课程改革的范围不断扩大,改革的高潮逐渐在北京、南京、上海、福州、重庆等城市迅速掀起,并波及全国。

这一时期幼儿园课程改革与发展的特点如下:

1. 改革范围扩大,整体性和全面性不断加强,课程研究百花齐放

20世纪80年代幼儿园课程改革比50年代幼儿园课程改革更深入,在继承我国传统的幼儿园课程思想的同时,又广泛吸收、借鉴国外先进理论和实践的变革经验,仿效国外多种多样的课程方案,将国内与国外、理论与实践相结合,从范围、力度、程度等方面深入探索,摒弃一味照搬,力图建立真正适合中国国情的幼儿园课程体系。同时加强幼儿园课程理论的建设使得幼儿园课程开始成为一门独立的学科。研究者们对幼儿园课程的含义、特征、类型、结构、设计和实施做了一定程度的研究,改变了传统的课程观,丰富了幼儿园课程的理论。实验研究、行动研究成为幼儿园课程研究的一种主要方法,促进了幼儿

---

① 国家教育委员会基础教育司.幼儿园管理工作法规文件选编[M].长沙:湖南师范大学出版社,1989:72.

教师广泛参与教育实验,推动了课程改革的顺利进行。在实验研究中,多采用行动研究,充分体现了在实践中研究,以研究促实践。

改革的整体性、全面性不断加强并深入到各个具体领域,各地区也相继出现了自己的特色,如上海的幼儿园情感课程、新课程和游戏课程,北京的幼儿园目标与活动课程,江苏的幼儿园"生活、学习、做人"的课程,等等。到90年代末,已经形成了较为成熟的综合课程、活动课程、游戏课程、发展能力课程、领域课程、农村学前教育课程等教育实验之花竞相开放,幼儿园课程领域活跃起来了,在全国形成了争论与探索的良好氛围。

2. 课程强调教育活动的基本组织形式

传统的课程观将课程看作学习科目或学习材料,强调内容的系统性和教师授课教学,这次课程改革深受皮亚杰和维果斯基的影响。皮亚杰在其著作《发生认知论》中指出,儿童对外界的认识之最初的中介就是活动:儿童的认知、知识既非源于主体,也非来源于客体,而是来源于主客体的相互作用即活动。此次幼儿园课程改革特别重视儿童在与环境积极地活动中发展自我、完善自我,鼓励儿童在活动中积极探索、动手动脑。教师应该意识到儿童活动的需要,组织儿童参加具有不同形式、不同内容的教育活动,让儿童在与环境的相互作用中,与师生、生生间的交往之中获得体验,实现自身发展。到了80年代中后期,人们开始将课程视为"经验"或"活动"。受这种课程观的影响,在理论上,研究者们开始对分科课程进行理性思考和研究,探索各科目的独特作用和相互之间的联系,对幼儿园课程的含义、特征、类型、结构、设计和实施作了一定的研究。在实践上,1983年,南京师范大学学前教育专业和南京实验幼儿园合作率先展开"幼儿园综合教育结构的探讨"实验;1984年,中央教科所与北京市第五幼儿园和崇文区第二幼儿园进行了以常识为中心的"幼儿园综合教育"实验;南京师范大学1988年的"农村学前一年综合课程研究"等。综合的、活动的课程观是新时代的必然表现,更准确地反映了幼儿教育的基本特征,将幼儿教育与中小学教育区分开,经过专家的共同努力,第一次以《幼儿园教育活动》为书名,编辑出版了一整套幼儿园教师指导用书;90年代中后期,北京师范大学出版社出版的《幼儿园目标与活动课程》丛书,南京师范大学出版社出版的《幼儿园课程指导丛书》将"教育活动"作为课程的基本组织形式。活动课程的出现改变了20多年来幼儿园一直奉行的"上课"的教学模式,对幼儿园课程的发展具有广泛而深远的意义。

3. 潜在课程被引入幼儿教育领域,其作用受到广泛重视

80年代末、90年代初,我国的改革开放不断扩大,外来思想不断引入和传

播,潜在课程在幼儿教育领域开始出现,课程内容不再仅仅是"教科书"、"课程表"等,计划之外的"课程"通常也对儿童发挥着重要的作用。例如幼儿园的环境规划、教育环境的设计、游戏等也会引起幼儿发生情感态度价值观、兴趣、个性品质等方面的变化。潜在课程的引入,促使人们去全面地思考幼儿园课程内涵和外延,让幼儿园课程更能促进幼儿的发展。

(三)新世纪的幼儿园课程改革

新世纪幼儿园课程改革实际上是对 80 年代幼儿园课程改革的进一步推进和纵深发展。21 世纪,政治、经济多元化趋势推动了全球化格局的形成,世界日益形成一个整体,社会正处于关键转型时期。新一轮的基础教育改革运动全面启动,全面推进素质教育提上日程。《基础教育课程改革纲要(试行)》明确指出:"新的课程体系涵盖幼儿教育、义务教育和普通高中教育。""幼儿园教育要根据幼儿身心发展的特点和教育规律,坚持幼儿良好的行为习惯,保护和启发幼儿的好奇心和求知欲,促进幼儿身心全面和谐发展。"而且加德纳的多元智力理论、罗杰斯的人本主义理论等丰富了新时期的幼儿园课程改革理论。

新世纪幼儿园课程改革是以 2001 年 9 月《幼儿园教育指导纲要(试行)》(简称《纲要》)的颁布与实施为标志的。《纲要》分为总则、教育内容与要求、组织与实施、教育评价四个部分。第一部分提出了幼儿教育的性质和任务以及幼儿园教育应注意的一些问题,如指出"幼儿园教育是基础教育的重要组成部分,是我国学校教育和终身教育的奠基阶段"、"综合利用各种教育资源"、"尊重幼儿的人格和权利,尊重幼儿身心发展的规律和学习特点,以游戏为基本活动"、"促进每个幼儿富有个性的发展"等。第二部分明确了幼儿园的教育内容是全面的、启蒙的,将原来的生活卫生习惯、体育活动、思想品德、语言、常识、计算、音乐、美术 8 个方面的内容压缩融合为健康、语言、社会、科学和艺术五个领域,分别规定了五个领域的不同目标、内容与要求以及指导要点。第三部分规定了幼儿园教育内容组织与实施以及应该注意的一些事项。第四部分指出教育评价是幼儿园教育工作的重要组成部分,指出了评价的作用、评价的主体、评价的性质、评价的方法、评价的注意事项以及评价的指标等。

《纲要》颁发后,各地掀起了学习纲要精神的高潮,课程改革在全国范围内开展,在理论和实践上取得了新的突破。理论上具体体现在以下几个方面:① 研究者们重新思考幼儿园课程理论,对课程目标、课程内容、课程实施、课程模式赋予了新的观点和新的含义,如李季湄的《关于幼儿园课程的几个问题——幼儿园教育目标、课程目标及其课程模式》,冯晓霞的《新〈纲要〉的知识观与幼儿园课程内容》等。② 对意大利的瑞吉欧课程理论的学习和探讨,它的理论与实践在90年代中后期被引入时曾掀起学习的热潮,但此时朱家雄等专家对瑞吉欧课程进行了理性的分析与思考,全面探讨了瑞吉欧教育经验及其方案教学,以便对我国幼儿园课程改革进行借鉴,反对照搬照用,重蹈历史覆辙。③对陈鹤琴课程思想的进一步研究,例如张春燕的《陈鹤琴的课程思想对当前幼儿园课程改革的启示》,取其精华,去其糟粕。④对"园本课程"热进行了冷静思考,李季湄、袁爱玲等专家纷纷发表自己的见解。⑤加强了国外各种理论对我国课程改革启示的研究。如研究了多元智力理论、知识系统化理论、交互主体观生态学理论、建构主义学习理论、自然主义教育理论以及后现代理论对当前幼儿园课程改革的启示。⑥对幼儿园课程生活化的研究,一些研究者认为幼儿园课程应该向生活世界回归,生活是幼儿园课程整合的基点,是幼儿园课程开发的新的生长点。如姜勇的《让幼儿的发展从"规范世界"走向"生活世界"》,张明红的《幼儿园课程生活化》,王春燕的《试论幼儿园课程的生活化》,王晓燕的《面向未来生活的幼儿教育——"学会生活"课程构想》等。

在实践研究上,理论研究者和幼儿园教师共同合作,鼓励支持一线教师在行动中研究,对于课程模式的继续研究和深入起了重要作用。主要成果有:广州市东方幼儿园的"以活动区为特色的儿童主体发展课程研究",深圳实验学校幼儿部的"幼儿园完整课程的研究和实验"和深圳市翠园幼儿园的"主题探究活动课程的开发与实践",北京市的"幼儿园发展课程"的研究,南京实验幼儿园的"综合教育课程的建构与发展",南京市太平巷幼儿园的"田野课程"研究,上海市的"学前教育课程改革"研究,等等。还有些教育工作者在探讨幼儿园的网络课程。它们有的是从80年代开始至今一直在进行的研究,有些是90年代后期研究成果的总结,有些是21世纪初开始的研究。这些课程模式的研究极大地丰富了我国幼儿园课程实践与理论,推动了课程改革的进程。

新世纪的幼儿园课程改革是在80年代幼儿园课程改革基础上更深的推进,广泛吸收和借鉴国内外先进的哲学、心理学理论以及对本土化的传统幼儿教育理论的理性反思与借鉴;关注幼儿的个性发展和兴趣需求,淡化了具体知识技能的要求,做到符合幼儿的身心发展特点,促进幼儿的全面和谐健康的发展;开展课程评价的实施和课程评价理论的研究,提倡评价主体的多元化,积极建立更为完备的幼儿园课程体系。当然此次幼儿园课程改革还在进行中,2012年末《3～6岁儿童发展指南》又在专家、幼儿教师和社会各界人士的努力下出台了,并在全国各地积极学习和实施,这将会为此次幼儿园课程改革锦上添花。

五、我国幼儿园课程发展的历史启示

新一轮的幼儿园课程改革还在进行中,全面审视我国的幼儿园课程发展历程,可以获得这样的启示,即幼儿园课程发展要中国化,要保持幼儿园课程发展的独立性和连续性的统一,努力建设有中国特色的社会主义幼儿园课程体系。

(一) 坚持课程发展的本土化

任何国家的幼儿和幼儿园都有自己的特殊性,幼儿园课程作为幼儿园教育的核心部分,它的发展必须充分考虑中国幼儿和幼儿园的实际情况,坚持幼儿园课程的本土化,努力建设适合中国国情的幼儿园课程体系。

幼儿园课程本土化即应充分吸取历史经验和国外幼儿教育思想的精华,以中国实际为本,致力于探索中国国情具有的民族特色的幼儿园课程理论与实践的过程。这一过程要求我们对外坚持"洋为中用"、博采众长的原则,不能照搬照抄,也不能盲目排他,唯一独尊,我国幼儿园课程发展的历史经历过这样的教训。

19世纪末20世纪初期,外国的幼儿教育思想在我国风靡一时,但是陈鹤琴、张宗麟等幼教专家力图改变这种盲从状态,身体力行,在实践中进行理论升华,选择吸取杜威的一些教育思想,提出了"大自然大社会都是活教材","应当采用游戏式的教学法去教导儿童","多采用小团体的教学法"等,在克伯屈"设计教学法"的基础上结合我国当时的国情形成了"单元教学法"。但是20世纪50年代在教育上采取了一边倒的政策,全面学习苏联的教育理论和课程思想,不假思索地全面采用苏联的教育模式,排除其他国家的优秀教育理论以及忽视本国的国情,失去了理性的批判。在全国风风火火地推行单一的分科教学模式,失去了灵活性,课程自由研究的气氛失却,使得整个教育的发展视野狭隘、教育思想单一,教育上也形成了"专制"。"文革"期间,既不继承历史又不学习外国,盲目自大,使我国教育陷入深渊。70年代末80年代初,全国上下拨乱反正,国家实行对外开放,我国的幼儿教育得到了恢复和发展。多国的教育思想和课程理论被引入和学习,在比较与理性分析中,单一的分科教学模式俨然成为历史的过客,召唤新课程改革的开展。80年代中期以后,我国一批幼教专家充分吸取历史经验,提出建设有中国特色的幼儿教育和课程体系的主张,将学习国外同中国国情紧密联系,致力于本土化、中国化的幼儿园课程体系的理论与实践的探索,我国幼儿园课程呈现出百花齐放、百家争鸣的大好局面。

历史证明,坚持本土化、中国化,理性吸收国外优秀教育思想是我国幼儿

园课程发展的不竭动力。因此,在新世纪的课程改革中,我们必须毫不犹豫地坚持课程研究的中国化,为建设有中国特色的幼儿园课程体系而努力奋斗。

(二)坚持学前教育课程发展独立性与连续性的有机统一

坚持独立探索的精神,保持课程研究的独立性和主体意识,保证幼儿园课程发展的独立性,使课程符合本国国情,形成民族特色,形成独立的课程判断和决策意识与能力,才能在外来文化和思想的冲击下保持自我。民国时期的幼稚园课程改革,改革者们具有较强的独立探索意识和精神,对带有殖民色彩的国外课程进行了摒弃,而对先进的、适合幼儿发展的课程思想进行了吸收借鉴,再结合本国的实践与研究,形成了"单元活动设计法"、"整体教学法"等这样符合本国当时发展的教学模式。50年代采取一边倒的教育政策,全面采用苏联的"分科教学模式",虽然形成了全国统一的课程实施模式,但是照搬照抄,没有理性地审视和独立思考,不求创新,直到70年代才有所好转。

课程发展的独立性要求我们不能简单模仿、追求形式而不追求内容实质。80年代中期至90年代初,我国幼儿园课程也曾出现红极一时的"综合教育课程",由于没有理解综合课程的精神实质,结果造成幼儿园活动成为"大舞台"、"大杂烩",幼儿成为"小演员",游戏成为"放羊",保教质量严重下降,这种幼儿园课程只追求"时尚",而缺乏理性思考,后期这种现象被及时发现并得到纠正。课程改革和发展的不断深入,需要人们理性、独立的思考,在独立探索的基础上谋求创新。

课程的建设与发展还应该是一个连续的过程,在连续的过程中我们才能摸索出课程发展的线索,使已有课程趋向完善,而在我国幼儿园课程发展过程中,曾出现过中断和重复现象,曾严重滞缓了我国幼儿园课程的自我完善和发展的进程。20世纪30年代末至40年代,我国处于连连战乱时期,人们的生命难保,教育发展困难重重,作为弱势群里的幼儿教育更是风雨飘摇。战争破坏了课程发展的连续性,使得这一时期我国的幼儿教育发展极其缓慢。

保持课程发展的连续性还要正确处理好继承与创新的关系。历史总是会给我们借鉴与启示,但是50年代的课程发展却未很好地思考总结我国二三十年代形成的本土化的幼儿园课程思想与经验,甚至对杜威的实用主义思想、陶行知的"生活教育"、陈鹤琴的"活教育"理论进行了无情的批判,全面否定,直至"十年内乱",对学前教育的否定登峰造极,留下惨痛的历史教训。70年代末、80年代初,教育界进行了拨乱反正,对50年代的课程理论进行了继承,也对二三十年代的课程理论与思想进行了思考与继承,这使得我国幼儿园课程发展是连续的。

第八章 幼儿园课程发展历程

　　课程发展的连续性与独立性是辩证统一的,课程发展过程中进行独立的探索是课程连续深入发展的不竭动力;同时课程发展的连续性也需要这种独立探索的精神。我国幼儿园的课程发展对外国教育思想和本国历史经验进行理性思考与判断,保证了课程发展的独立性与连续性的有机统一。

【拓展阅读】

- 中国幼儿园课程百年回顾
- 江苏省课程游戏化项目

175

附录一　幼儿园课程整体评价标准(价值标准)[①]

1. 课程是否能促进儿童与伙伴和成人之间的相互作用和学习,并有利于儿童对于知识的建构?
2. 课程是否能促进儿童在社会性、情感、身体和认知方面的发展,有助于儿童掌握民主社会的价值观?
3. 课程在帮助儿童学习知识和掌握技能的同时,是否能够使儿童形成对学习的积极态度?
4. 课程对儿童来说是有意义的吗?是否与儿童的生活有关?是否注重与儿童个人经验的联系并强化这种联系?或者说能使他们从课程中获得直接的经验?
5. 对儿童的期望和要求是否合理、切实可行?抑或在以后学习或掌握这些内容会更容易、更有效?
6. 儿童和老师对课程都感兴趣吗?
7. 课程是否对多元文化和语言尊重与敏感?课程是否期望、允许和欣赏个别差异的存在?是否有利于形成与家庭的良好关系?
8. 课程是否以儿童现在的知识和能力为基础并促进他们的发展?
9. 课程是否在有意义背景中,帮助儿童形成对概念的理解?
10. 课程是否注重促进各学科之间的联系和综合?
11. 给儿童介绍的知识按照有关的学科标准来看,是否准确、可靠?
12. 儿童有没有必要学习这些知识?在现阶段学习这些知识是否有效?
13. 课程是否能促进主动学习并且允许儿童做出有意义的选择?
14. 课程是否能够促进和鼓励儿童探究和提出问题,而不是看重"正确"的回答或者完成任务的"正确"的方法?

---

① 全美幼教协会 NAEYC 制,简小敏,刘焱译.转引自冯晓霞.幼儿园课程[M].北京:北京师范大学出版社,2001:124-125.

15. 课程是否能够促进较高水平的能力,如思维、推理、问题解决和判断能力的发展?

16. 课程是否能促进和鼓励儿童与成人间的社会性交往?

17. 课程是否尊重儿童对活动、感官刺激、新鲜空气、休息、健康和营养/代谢等的生理需要?

18. 课程是否有利于儿童形成心理安全感、信任感和归属感?

19. 课程是否能使儿童获得成就感和对学习的兴趣?

20. 课程对儿童和老师来说,是否具有灵活性?

附录二　幼儿园课程整体评价标准[①]

(一) 课程目标方面
1. 课程目标是否符合幼稚园的教育目标?
2. 单元的设定及目标是否合宜?
3. 单元目标是否具体可行并能进行评量? 是否有明确具体的评价标准? 评价方式是否合宜?

(二) 物质环境方面
1. 活动区的规划是否合理,不至于产生相互干扰的现象? 活动空间是否合适?
2. 开放架上是否有各种材料可供幼儿随时使用?
3. 是否有幼儿个人可用的材料,而不必强迫他与其他幼儿共用?
4. 材料的放置是否井然有序,而能鼓励幼儿自动拿取?
5. 活动区的布置是否能将噪音减至最低程度? 如:在积木区铺上一块地毯,以减低噪音。
6. 材料的布置与收拾整理是否容易进行? 是否让幼儿参与收拾整理?
7. 是否小心地计划室外活动区的学习机会?

(三) 交互作用的环境方面
1. 师生之间、幼儿与幼儿之间,是否有相互尊重的气氛?
2. 物质环境是否被充分控制,以便教师将大部分的时间用以观察幼儿或参与幼儿的活动?
3. 幼儿从事活动时,是否能免除干扰或分心?
4. 教师是否注意观察幼儿的活动,并仅于必要时才插手干预?
5. 教师是否根据每位幼儿的需要而拟订个别的成长目标? 是否有个别

[①] 蔡秋桃.幼稚园课程通论.转引自冯晓霞.幼儿园课程[M].北京:北京师范大学出版社,2001: 125－127.

化的课程以达成这些目标？

6. 幼儿相处在一起时,是否有安全感？

7. 是否有活动的常规(例如：活动人数的限制、轮流的时间表等)可避免幼儿不当的竞争？

8. 教师是否有教导幼儿自助的技巧？是否鼓励幼儿互相学习？

9. 是否有提供个别、小组和全班活动的机会？

10. 如有任何限制,教师是否有说明理由并能坚持原则？是否予以强迫限制？

11. 教师是否能示范建设性的行为和健康的态度？

12. 整个教室是否洋溢着温馨和谐的气氛？

(四) 活动方面

1. 活动能否达成单元教学目标？

2. 活动展开的方式是否合宜？

3. 活动是否配合幼儿身心状况、季节时令、偶发事件、幼稚园的设备及社区的需要？

4. 教具设计是否合宜？

5. 活动的时间是否适当？

6. 各种课程领域的活动之间有无统整的组织？

7. 活动的方式是否多有变化？

8. 是否能提供许多戏剧表演的机会？

9. 是否利用基本的视听器材？

10. 是否平均重视各种课程领域的活动？

11. 是否有充分的活动材料和活动空间？

12. 是否有提供反复练习的机会？活动是否能够熟练？

13. 幼儿是否有参与计划和评价活动的机会？

(五) 作息时间表方面

1. 每日作息时间表是否明确而可预测？

2. 作息时间表安排是否适合幼儿的需要？

3. 作息时间表的安排是否注意动态与静态的穿插？

(六) 幼儿进步的评价及报告方面

1. 认知能力：从幼儿的认知发展概况及教师设计的活动内容来评价。

2. 身体及动作：从身体的发展及基本动作之能力来评价,如走、跑、跳、单脚跳、双脚跳、平衡感、眼手协调等。

3. 人格发展:
(1)自我观念的评价:
① 幼儿以什么方式来认定自己的情感?
② 幼儿对行为的控制方式合宜吗?
③ 幼儿如何表现独立和依赖?
④ 幼儿参与活动的程度如何?
⑤ 幼儿对新的经验有何反应方式?
⑥ 幼儿对成功与失败有何反应方式?
(2)人际关系的评价:
包括社交技巧、对他人情感的敏感性、尊重他人、参与团体活动的程度、服从命令、与成人的关系,等等。
4. 习惯及态度的评量:
(1) 个人生活习惯与态度的评量。
(2) 团体生活适应能力的评量(包括家庭、幼稚园及社会)。

参考文献

[1] [瑞士]裴斯泰洛奇.裴斯泰洛奇教育论著选[M].夏之莲等译.北京:人民教育出版社,2001.

[2] 王春燕.幼儿园课程概论[M].北京:高等教育出版社,2007.

[3] [美]贾珀尔·L.鲁普纳林,詹姆斯·E.约翰逊.学前教育课程[M].上海:华东师范大学出版社,2005.

[4] 杨汉麟、周采.外国幼儿教育史[M].广西:广西教育出版社,2000.

[5] [意]蒙台梭利.童年的秘密[M].乌荣根译.北京:人民教育出版社,1990.

[6] 卢乐山.蒙台梭利的幼儿教育[M].北京:北京师范大学出版社,1985.

[7] 简楚瑛.学前教育课程模式[M].上海:华东师范大学出版社,2005.

[8] [意]蒙台梭利.蒙台梭利幼儿教育科学方法[M].任代文主译.北京:人民教育出版社,2001.

[9] [意]蒙台梭利.教育与和平[M].庄建宜译.台北:及幼文化出版股份有限公司,2000.

[10] [美]爱德华兹等.儿童的一百种语言[M].罗雅芬等译.台北:心理出版社,1998.

[11] [意]马拉古奇等.孩子的一百种语言[M].张红军等译.台北:光佑文化事业股份有限公司,1996.

[12] 北京市教育科学研究所.陈鹤琴全集(第二卷)[M].南京:江苏教育出版社,1989.

[13] 戴自俺.张雪门幼儿教育文集(下卷)[M].北京:北京少年儿童出版社,1994.

[14] 《陶行知全集》编辑委员会.陶行知全集(二卷)[M].成都:四川教育出版社,1991.

[15] 中国学前教育史编写组.中国学前教育史资料选(全一册)[M].北京:人民教育出版社,1989.

[16] 曲铁华.中国教育发展史纲[M].长春:东北师范大学出版社,2006.

[17] 陈元晖.老解放区教育简史[M].北京:教育科学出版社,1981.

[18] 唐淑.幼儿园课程基本理论和整体改革[M].南京:南京师范大学出版社,1998.

[19] 施良方.课程理论——课程的基础、原理与问题[M].北京:教育科学出版社,1996.

[20] 国家教育委员会基础教育司.幼儿园管理工作法规文件选编[M].长沙:湖南师范大学出版社,1989.

[21] Goffin, S. G. Curriculun Models and Early Childhood Education. NY: Merrill, 1994.

[22] 朱家雄.幼儿园课程[M].上海:华东师范大学出版社,2003.

[23] 陶金玲.做中学与幼儿教育[M].合肥:安徽少儿出版社,2011.

[24] 冯晓霞.幼儿园课程[M].北京:北京师范大学出版社,2009.

[25] 石钧弢.学前教育课程论[M].北京:北京师范大学出版社,1999.

[26] 李雁冰.课程评价论[M].上海:上海教育出版社,2002.

[27] 康建琴.学前课程理论与实践[M].中国广播电视出版社,2007..

[28] 王坚红.学前教育评价——理论·方法·实践[M].北京:人民教育出版社,1994.

[29] 虞永平,张辉娟,钱雨等.幼儿园课程评价[M].南京:江苏教育出版社,2009.

[30] 霍力岩.学前教育评价[M].北京:北京师范大学出版社,2000.

[31] 郑健成.学前教育学[M].上海:复旦大学出版社,2007.

[32] 朱家雄.幼儿园课程的理论与实践[M].上海:华东师范大学出版社,2010.

[33] 李季湄.幼儿教育学基础[M].北京:北京师范大学出版社,1999.

[34] 教育部基础教育司.幼儿园教育指导纲要(试行)解读[G].南京:江苏教育出版社,2002.

[35] [美]拉夫尔·泰勒著,施良方译,瞿葆奎校.课程与教学的基本原理[M].北京:人民教育出版社,1994.